Pelea la buena batalla de la fe

Haciendo su parte en el drama desplegado de Dios

Currículo de seguimiento de Raíces Sagradas

por el Rev. Don Allsman y el Rev. Dr. Don L. Davis

TUMI Press
3701 East 13th Street North
Wichita, Kansas 67208

The Urban Ministry Institute • *un ministerio de* World Impact, Inc.

Pelea la buena batalla de la fe: Haciendo su parte en el drama desplegado de Dios

© 2015. The Urban Ministry Institute. Todos los derechos reservados. La copia, redistribución y/o venta de estos materiales, o cualquier transmisión no autorizada, excepto que se permita expresamente por la Ley de derechos del autor de 1976 o por el permiso escrito del publicador. La solicitud de permiso debe dirigirse por escrito a:

The Urban Ministry Institute
3701 East 13th Street North
Wichita, KS 67208

ISBN: 978-1-62932-302-2

Publicado por TUMI Press
Una división de World Impact, Inc.

The Urban Ministry Institute (El Instituto Ministerial Urbano) es un ministerio de of World Impact, Inc.

Título original en inglés: *Fight the Good Fight of Faith: Playing Your Part in God's Unfolding Drama - The Sacred Roots Follow-Up Curriculum*

Coordinador de traducción: Dr. Fernando Argumedo

Todas las citas bíblicas, a menos que se indique de otra forma, son de la Santa Biblia, versión Reina Valera © 1960 Sociedades Bíblicas Unidas. Usada con permiso. Todos los derechos reservados.

Este libro está escrito en honor a

Aquellos que discipulan y son mentores de creyentes nuevos y en crecimiento . . .

*Los pastores, maestros, mentores, directores espirituales y discipuladores –
todos los que ofrecen el cuidado espiritual y la amistad a estos queridos santos,
cuyo deseo es constante en fortalecer y edificar a los seguidores Cristo
y cuyos esfuerzos de amor, comodidad, instrucción, y fortaleza
están siendo utilizados por el Espíritu Santo en todo el mundo –*

*Celebramos la gracia de Dios ya que emplean sus dones para levantar
una nueva generación de obreros espiritualmente calificados
que honren al Señor Jesús y que avancen su Reino.*

• • •

A mi *equipo de Fairmount Park Daybreak* de hace años
que cree en el poder de la inversión
en líderes urbanos jóvenes como yo para el Reino.

~ *Don Davis*

• • •

A Shirley Isaac, mi compañero de clase de 6to. grado que me introdujo a Jesús
y al Evangelio, y para Theron Friberg, mi líder juvenil de la iglesia de la escuela secundaria,
quien me pasó la estafeta de su amor por la Biblia y me enseñó a caminar en el Espíritu.

~ *Don Allsman*

• • •

*Lo que has oído de mí ante muchos testigos,
Esto encarga a hombres fieles que sean idóneos para enseñar también a otros.*

~ *2 Timoteo 2:2 (RVR 1960)*

TABLA DE CONTENIDO

7 | Introducción

15 | *Lección 1*
La epopeya en que nos encontramos
Uniendo nuestra historia con la historia de Dios

27 | *Lección 2*
El alistamiento que hacemos
Aceptando nuestro papel en el conflicto cósmico de las edades

41 | *Lección 3*
La entrada que obtenemos
Vinculando nuestra vida con la vida de Dios en Cristo

55 | *Lección 4*
El legado que recibimos
El papel del Espíritu Santo en la buena batalla de la fe

67 | *Lección 5*
La excelencia que mostramos
Viviendo como santos de Dios y embajadores de Cristo en este mundo

79 | *Lección 6*
La edificación que buscamos
Edificándonos unos a otros en el Cuerpo de Cristo

93 | *Lección 7*
El enemigo con quien peleamos
Caminando en victoria contra el enemigo de Dios

105 | *Lección 8*
El equipo que utilizamos
Vistiendo toda la armadura de Dios

119 | *Lección 9*
La resistencia que mostramos
La perseverancia de los santos

Apéndice

133	*Apéndice 1* •	Había una vez: El drama cósmico a través de una narración bíblica del mundo
135	*Apéndice 2* •	La historia que Dios está contando
136	*Apéndice 3* •	Cómo empezar a leer la Biblia
138	*Apéndice 4* •	Jesús de Nazaret: La presencia del futuro
139	*Apéndice 5* •	La historia de Dios: Nuestras Raíces Sagradas
140	*Apéndice 6* •	Desde antes hasta después del tiempo: El plan de Dios y la historia humana
142	*Apéndice 7* •	La sombra y la sustancia
143	*Apéndice 8* •	En Cristo
144	*Apéndice 9* •	Nuestra declaración de dependencia: Libertad en Cristo
146	*Apéndice 10* •	El factor *Oikos*
147	*Apéndice 11* •	La teología de *Christus Victor*
148	*Apéndice 12* •	*Christus Victor* (Cristo Victorioso): Una visión integrada para la vida cristiana y el testimonio
149	*Apéndice 13* •	Comprendiendo la Biblia en partes y como un todo
151	*Apéndice 14* •	Treinta y tres bendiciones en Cristo
155	*Apéndice 15* •	La joroba
156	*Apéndice 16* •	Avanzando al mirar atrás: Hacia una recuperación evangélica de la Gran Tradición
162	*Apéndice 17* •	Resumen esquemático de las Escrituras
166	*Apéndice 18* •	Tabla cronológica del Nuevo Testamento
167	*Apéndice 19* •	Comunicando al Mesías: La relación de los Evangelios
168	*Apéndice 20* •	Diseñado para representar: Multiplicando discípulos del Reino de Dios
169	*Apéndice 21* •	La ética del Nuevo Testamento: Viviendo lo opuesto del Reino de Dios
170	*Apéndice 22* •	Jesucristo, el personaje y tema de la Biblia
171	*Apéndice 23* •	¡Levántese Dios! Siete palabras clave para buscar al Señor y encontrar su favor
172	*Apéndice 24* •	El Credo Niceno
173	*Apéndice 25* •	El Credo Niceno con apoyo bíblico
175	*Apéndice 26* •	El Credo de los Apóstoles

INTRODUCCIÓN

> El discipulado no es una comunicación del saber, sino una comunicación de vida.
>
> ~ Juan Carlos Ortiz

¡Saludos, compañeros de armas, en el fuerte nombre de nuestro Señor Jesucristo!

Es un placer para nosotros ofrecer nuestros recursos para el discípulo en crecimiento/guerrero de Cristo, *Pelea la buena batalla de la fe: Haciendo su parte en el drama desplegado de Dios*. Este libro de texto representa nuestro bosquejo del drama de las Escrituras, escrito con un enfoque en el aprendizaje de lo que la Biblia tiene que decir acerca de las dimensiones clave de nuestra participación en la gran historia de Dios. Estamos convencidos de que la verdadera historia del mundo, su propósito y destino, se registra en la Biblia. Las Escrituras muestran a Dios como el autor de la vida, creando el universo, y haciendo una promesa a Abraham que enviaría una semilla que bendeciría a todas las familias de la tierra. Dios mismo se dio a conocer a su pueblo Israel, la nación a través de la cual él trajo al Mesías, su ungido. Jesús fue el siervo escogido por Dios para venir al mundo, para derrotar a la muerte, poner fin a la maldición, y establecer su reinado en la humanidad.

En verdad, el Mesías vino a través de su pueblo Israel, y sabemos quién es él: el Redentor y Rey, Jesús de Nazaret. Las escrituras dan testimonio de la gloria de Jesús, el que revela a toda la humanidad el plan y gloria del Padre, quien nos redimió de nuestros pecados con su muerte en la cruz y su resurrección de entre los muertos, y que pronto va a restaurar todas las cosas en su Segunda Venida de nuevo. Cuando nos arrepentimos y creemos en Jesús como Señor y Salvador, esta gran historia se convierte en nuestra propia historia, una increíble historia de la gracia y el amor, un drama maravilloso que nos invita a compartir y vivir con otros en la propia familia de Dios, la iglesia.

Síntesis de la lección: Cómo pelear la buena batalla de la fe

Este libro está escrito con el fin de ofrecer al lector una visión general clara y fácil de comprender de las grandes preguntas y aspectos más destacados de esa historia, para ayudarle a entenderla y asi pueda saber cómo relacionarse con Dios y con los demás como la viven en la iglesia. Tiene el propósito de dar a usted, un creciente creyente hambriento, nueve lecciones integradas que bosquejan los elementos clave de la historia, considerando cuidadosamente cada uno y discutiendo lo que se refiere a usted como un nuevo actor en la historia cósmica de Dios. Se discuten verdades específicas señaladas por el apóstol Pablo en el libro de Efesios, las lecciones están diseñadas para poner los fundamentos de la fe cristiana y su caminar. Estos son los títulos de las lecciones, y una breve descripción de cada lección.

Lección 1 se titula *La epopeya en que nos encontramos: Uniendo nuestra historia con la historia de Dios*. Esta lección le ayuda a saber que el Dios del universo, el Señor Dios Todopoderoso, es el único, verdadero y eterno Dios, existente en tres personas: Padre, Hijo y Espíritu Santo. Él creó todas las cosas, visibles e invisibles, e hizo a los seres humanos a su imagen. Esta lección discute la rebelión de Satanás y la primer pareja humana, Adán y Eva, y cómo a través de su desobediencia toda la creación fue maldita. Dios, sin embargo, nos da una promesa de un Salvador que vencería el mal y ganaría todo de vuelta para la gloria de Dios.

Lección 2, *El alistamiento que hacemos: Aceptando nuestro papel en el conflicto cósmico de las edades*, discute cómo Jesús de Nazaret derrotó al diablo y nos libera de la maldición a través de su vida sin pecado y muerte en nuestro lugar. Ahora a través del arrepentimiento (volverse a Dios de nuestros pecados) y la fe (creer en la verdad acerca de la obra de Jesús), entramos en el reino de Dios. Él nos salva por su gracia, somos bautizados en el Cuerpo de Cristo, y se nos da el Espíritu Santo para que nos ayude en nuestra vida cristiana.

Lección 3, *La entrada que obtenemos: Vinculando nuestra vida con la vida de Dios en Cristo*, enseña cómo se une a Jesús por la fe (es decir, lo que somos ahora en Cristo). Debido a esta unión, usted recibe y experimenta todo lo que Jesús es y ofrece. A través del Espíritu de Dios, nos convertimos en miembros de su casa, con Jesucristo como su piedra angular, y los apóstoles y profetas como su fundación. Cada asamblea local de creyentes funciona como una embajada del reino de Dios, que representa los intereses del cielo mismo. Nosotros los creyentes servimos como embajadores y agentes de ese Reino.

Lección 4 se titula *El legado que recibimos: El papel del Espíritu Santo en la buena batalla de la fe*. Esta lección destaca cómo el Espíritu Santo habita en cada creyente, otorgando a cada uno dones para servir a la iglesia. Somos libres en Cristo para ejercer nuestros dones entre otros creyentes, al Espíritu Santo ofrecernos la oportunidad, la dirección y la fuerza. Crecemos juntos cuando cada creyente sirve a la comunión en unidad y amor.

En la **Lección 5**, *La excelencia que mostramos: Viviendo como santos de Dios y embajadores de Cristo en este mundo*, vemos que estamos llamados a imitar a Dios, como a sus propios hijos muy amados. Hemos sido hechos santos de Dios (los santos) en Cristo, y estamos para representar a Dios ante los demás como sus propios santos, gente agradecida. También somos llamados como sus embajadores, para compartir las buenas nuevas de salvación con nuestros amigos, familias y vecinos, y hacemos buenas obras de amor, las obras de Cristo, en el servicio a los demás.

Lección 6, *La edificación que buscamos: Edificándonos unos a otros en el Cuerpo de Cristo*, explora la idea de la vida cristiana como está diseñada para vivir en comunidad, creciendo juntos como familia de Dios, siendo el cuerpo de Cristo y templo del Espíritu Santo. Estamos llamados a vivir la vida de Cristo, junto con los demás, descubriendo su verdad juntos, adorando a Dios y creciendo como discípulos de Cristo al relacionarnos con otros creyentes en la iglesia local y en grupos pequeños. Al hacer esto somos edificados (edificados) en nuestra fe, y llegamos a saber cómo presentarnos el uno al otro en reverencia (respeto) por Cristo.

Lección 7, *El enemigo con quien peleamos: Caminando en victoria contra el enemigo de Dios*, describe la naturaleza de la gran historia a la que nos hemos unido. El universo está en guerra espiritual – el diablo y el reino de las tinieblas están luchando contra el Señor Jesucristo y el reino de la luz. A través de su vida, muerte y resurrección, Jesús ganó la victoria sobre nuestro enemigo, el diablo, quien aún continúa trabajando a través del engaño en el sistema de este mundo caído y nuestra vieja naturaleza pecaminosa, es decir, los deseos de la carne. Nosotros lo vencemos mientras caminamos por fe en Cristo, y permanecemos alertas a los intentos del diablo para engañarnos a través de mentiras y engaños.

Lección 8 se titula *El equipo que utilizamos: Vistiendo toda la armadura de Dios*. En él se explica cómo Dios ha provisto a cada creyente con la armadura necesaria para resistir al enemigo y mantener su posición en caso de ataque. La verdad de la Escritura (es decir, la Palabra de Dios) puede permitirnos identificar, estar en contra, y reemplazar las mentiras que el enemigo lanza contra nosotros, y el Espíritu Santo nos fortalece para la lucha al practicar las disciplinas espirituales, solos y junto con otros creyentes.

Lección 9 es nuestra última lección, llamada *La resistencia que mostramos: La perseverancia de los santos*. En esta lección vemos como el principio central del proceso de crecimiento en Cristo es aprender a perseverar, a estar alerta, y no quedar tomados por sorpresa. Como representantes de Cristo, tenemos que seguir y continuar hacia adelante por el premio, no importa lo difícil que puede llegar a ser. El Espíritu Santo nos dará el poder para permanecer fieles a nuestra vocación, y mientras representamos fielmente a Cristo, él nos usará para fortalecer a otros creyentes en su lucha.

Plan de acción para cada lección: sus partes y elementos
Cada lección se divide en las mismas partes particulares, con cada elemento enfocado en algo necesario para asistirle a medida que avanza a través de él. (Esto es especialmente importante tener en cuenta si este libro va a parar en manos de otros, como un líder o facilitador de grupo pequeño).

Objetivos de la lección. Estos objetivos, tres para cada lección, le ayudarán a comprender exactamente lo que tiene que entender y creer una vez que termine la lección, ya sea que usted está estudiando solo o con otros.

Oración de apertura por sabiduría. Esta oración, que le animamos a hacer y decirla en voz alta, pídale al Señor que prepare los corazones antes de entrar en el estudio de las verdades de la Biblia, para que pueda a la vez comprender y recibir lo que el Señor tiene para usted.

Contacto. La sección de contacto es una sección para "cebar la bomba" que le permite empezar en la lección ponderando las preguntas de la vida real, los problemas y situaciones que se relacionan con sus ideas. Pase tiempo en estos ejemplos, y piense detenidamente las implicaciones de estas asuntos. Ellos agudizarán su pensamiento y la investigación a medida que avanza en cada lección.

Contenido. La sección de contenido da una explicación introductoria del material que va a estudiar, y proporciona las preguntas reales y referencias bíblicas que se responderán y buscarán para esa lección en particular.

Apéndices. Hemos creado e incluido gráficos adecuados, artículos y documentos en el apéndice que pueden mejorar en gran medida su capacidad para comprender y aplicar el contenido de las lecciones. Consulte los apéndices incluidos en esta sección, ya que son relevantes para enriquecer su comprensión de los principios fundamentales y las ideas en cada lección en particular.

Resumen. Después de buscar en la escrituras, y responder a las preguntas en la sección de contenido, cada lección le proporciona un resumen corto, compacto de las ideas y verdades clave que el contenido estaba destinado a explorar. Esto es útil como guía para usted, para comprobar si usted captó o no las grandes ideas de la lección en su estudio personal de las Escrituras.

Principio clave. Esta sección de la lección por lo general reúne toda la enseñanza de la lección en una sola frase o verso.

Estudios de casos. Esta sección importante, proporciona una oportunidad para reflexionar sobre las implicaciones de su aprendizaje en el contexto de casos posibles y reales. La verdad no es por el mero hecho de pensar y de discutir; el discipulado es sobre la vida real, los problemas reales con que la gente está luchando, que impactan y afectan sus vidas. Tienen el propósito de provocar su forma de pensar, y le ayudarán, como discípulo en crecimiento, a entender cómo relacionar la Historia y su verdad a sus historias y verdades. Saber la verdad no es para hacernos inteligentes, sino para hacernos libres (Juan 8:31-32).

Lo que es más importante que la "respuesta correcta" es el "aprendizaje humilde". Usted verá en el estudio de la Biblia que a menudo nadie, emerge de nuestra investigación con una clara respuesta. Más bien, estamos llamados a reflexionar, a participar humildemente en estudio, a poner a prueba todo, y aferrarse a lo que es bueno (1 Tes. 5:21). Utilice estos casos para explorar posibles significados de lo que usted acaba de aprender, y estar abierto a dejar que el Espíritu cambie la forma en que usted entiende los diferentes asuntos que encontrará en las lecciones.

Conexión. Esta sección se enfoca en su aplicación y actualización ("estimula") de las verdades de la lección. Debe conectar lo que usted aprende con las maneras que usted piensa, habla, se conduce usted mismo y se relaciona con otros. Por lo tanto, busque maneras de vincular lo que aprende a su vida personal en esta sección.

Afirmación. Esta sección concisa incluye una verdad extraída de los materiales de la lección que podemos y debemos confesar y afirmar durante toda la semana.

Oración. Incluimos una oración de una figura clave en la Iglesia, para darle una idea de los tipos de peticiones y oraciones que se han ofrecido, conectada con nuestros temas de las lecciones en la historia de la iglesia.

Grito del corazón de Dios. Esta es una oración que usted debe orar al final de la lección. Las oraciones pueden ser redactadas y escritas como los salmos en la Biblia, o dadas simultáneamente. Estas oraciones nos ayudan a pedir al Señor la gracia particular que necesitamos recibir y encarnar de las verdades que Dios nos ha enseñado en esta lección. Son oraciones de humildad, súplica, y confianza. Repítalas, en silencio y en voz alta, conforme el Espíritu le guíe.

Para más estudio. Estos artículos son sugerencias para usted si usted desea aprender más sobre el tema que se trata en una lección.

Para la próxima sesión. Estos artículos le anticipan los temas de la próxima lección en la serie, y le ofrecen un aspecto llamativo, conciso como un adelanto de lo que viene en la próxima sesión.

Memorización de la escritura. Creemos firmemente que si guardamos la Palabra (memorizándola) en nuestros corazones, no vamos a pecar contra el Señor (Sal. 119:11). Saber la Palabra de memoria es un estímulo eficaz del corazón, y un recurso listo contra las mentiras del enemigo. Por lo tanto, cada lección contendrá un solo versículo de memorización, por lo que puede aprenderse de memoria al menos un texto bíblico que pueda recordar la verdad que ha aprendido, y ayudarle en su caminar durante la semana y durante las próximas semanas.

Asignaciones/Tareas. Esta última sección, contiene asuntos específicos y tareas para que usted haga a medida que completa la lección. Éstas tienen el propósito de ser útiles y prácticas. Si va a actuar en estas asignaciones, tómelas en serio, y trátelas de hacer a fondo y de manera excelente, el aprendizaje de la materia se multiplicará grandemente. Están diseñadas para ayudarle a crecer en Cristo, instruídas a la luz de la lección que acaba de estudiar. Así que, por favor, complete las tareas, y siga adelante en ellas con prontitud. Van a mejorar su aprendizaje en gran medida si simplemente no piensa solo en estas verdades, sino en realidad las pone en práctica.

Pelea la buena batalla de la fe:
Haciendo su parte en el drama desplegado de Dios
(Currículo de seguimiento de *Sacred Roots* [Raíces Sagradas])

Para llegar a ser un cristiano es unirse a la historia de Dios, una historia que Dios está diciendo y cumpliendo a través de todos los tiempos. Su historia de redención y amor, de salvación y esperanza, de batalla y victoria, ahora se ha convertido en su historia. Las raíces sagradas de esta historia se remontan al principio de los tiempos, y se extienden a la esperanza del Reino glorioso bajo el reinado de Cristo. A través de la fe en el Señor Jesús, usted ha sido liberado del pecado, de la pena y de la esclavitud, y se ha alistado en la lucha. En este libro de texto, encontrará la manera de poner toda la armadura de Dios, reconocer las mentiras del enemigo, y aprender a crecer con los demás creyentes. Usted ha sido inscrito en la lucha, así como, aprender a pelear la buena batalla, sabiendo que la batalla por la victoria espiritual pertenece al Señor.

John Eldredge, un pastor que ha escrito mucho sobre la guerra espiritual, dice que "La historia de su vida es la historia de un asalto grande y brutal en su corazón por aquel que sabe lo que podría ser – y temerle". Quién sabe qué Dios tiene reservado para usted mientras aprende a representar a Cristo ante su familia y sus amigos, sus socios y vecinos. Usted debe aprender a luchar. Se trata de un currículo de seguimiento, diseñado para ayudarle a saber cómo iniciar la vida cristiana con la perspectiva correcta y las herramientas para pelear la buena batalla. Esta guía le mostrará cómo.

Stu Webber, un militar retirado y ahora pastor, ha escrito sobre la naturaleza del conflicto espiritual que todos los cristianos, ya sean jóvenes en el Señor o un guerrero experimentado, se enfrentan cada día:

> Stu Webber. *Spirit Warriors*. Sisters, OR: Multnomah Publishers, 2001, pág. 16.

> Cada cristiano es un campo de batalla para caminar. Cada creyente lleva profundamente dentro de sí un terrible conflicto. Y la mayoría de nosotros va a ser atraído a todo lo que nos ayudará a ganar la batalla. Llámelo la batalla entre la carne y el Espíritu. Llámelo la búsqueda de la vida cristiana victoriosa. Llámelo como quiera. Pero es una guerra plana-derribo-arrastre. Y cuando termina, usted quiere estar entre aquellos que todavía están en pie. Los principios de guerra se enseñan en las academias militares de todo el mundo. En la mayoría de las formas, la guerra espiritual no es diferente de la guerra física. Cada soldado que espera no sólo sobrevivir, sino ganar debe comprender y emplear estos principios en sus propias batallas diarias contra los poderes de este mundo de tinieblas, contra las huestes espirituales de maldad en los huestes celestiales (Efesios 6:12b RVR).

Usted puede hacer algo más que sobrevivir. Usted puede ganar, y en su victoria, Cristo será exaltado. Pídale a Dios que le dé sabiduría y fuerza a medida que aprende las verdades de su Palabra. Pida perspicacia para entender su verdad, por audacia para aplicarlo a su vida, y por amor para compartirlo con otros. Le invitamos a aprender con nosotros, a aprender del Espíritu, ya que le indica que debe pelear la buena batalla de la fe. En nombre de Don Allsman, mi co-autor y compañero de milicia, y todo nuestro personal de TUMI, que contribuyeron con su tiempo y esfuerzo para este proyecto – damos gracias a Dios por su vida. Nuestra sincera oración es que usted haga su parte en la gran historia de Dios de rescate y restauración de su creación. Usted tiene un papel importante que desempeñar.

¡Bienvenido a la familia, bienvenido a la lucha!

Dr. Don L. Davis
Wichita, Kansas, Adviento 2014

Lección 1

La epopeya en que nos encontramos
Uniendo nuestra historia con la historia de Dios

> ... que hizo sobreabundar para con nosotros en toda sabiduría e inteligencia, dándonos a conocer el misterio de su voluntad, según su beneplácito, el cual se había propuesto en sí mismo, de reunir todas las cosas en Cristo, en la dispensación del cumplimiento de los tiempos, así las que están en los cielos, como las que están en la tierra.
>
> ~ Efesios 1:8-10

Objetivos

Al final de esta sesión, usted debería comprender sobre *La epopeya en que nos encontramos* al creer que:
- El Dios del universo, el Señor Dios Todopoderoso, es el único, verdadero y eterno Dios, existente en tres personas: Padre, Hijo y Espíritu Santo.
- Dios es el Creador de todas las cosas, visibles e invisibles, e hizo a los seres humanos a su imagen.
- Debido a la rebelión de *Satanás** y de la primera *pareja humana**, la creación fue maldita, pero Dios dio una promesa y tiene un plan para vencer el mal y ganar todo de vuelta a través de un Salvador, el Señor Jesucristo.

Oración de apertura por sabiduría

Eterno Dios, mi Padre, dices en tu Palabra que eres la fuente de todo conocimiento y sabiduría. Reconozco esto como la verdad, querido Padre, y pido que impartas en mí la sabiduría divina, para que pueda ser capaz de usar bien la Palabra de verdad (2 Timoteo 2:15). Por favor, instrúyeme y enséñame el camino que debo seguir (Salmo 32:8), y dirige mis pasos. Inclina mi oído para escuchar tu voz, y corrígeme ahora en mi forma de pensar y hablar, y guíame cuando he ido por mal camino.

Padre, concédeme el don de discernimiento, y permíteme mientras estudio conocer la diferencia entre las enseñanzas piadosas e impías, espíritus y

---

***Satanás** – Satanás es el nombre personal del diablo, el adversario de Dios y la humanidad
***pareja humana** – Adán y Eva, fueron creados por Dios como el primer hombre y la primera mujer, creados a imagen de Dios para estar en relación con Dios, hacer un trabajo significativo, y disfrutar de la riqueza del mundo perfecto de Dios.

dones. Muéstrame por el Espíritu Santo lo que su voluntad es, y me dé una idea de cómo puedo llevar a cabo sus intenciones con todo mi corazón. Querido Señor, por favor ayúdame a ser pronto para oír y oír, tardo para hablar, tardo para la ira (Santiago 1:19). Que las palabras de mi boca y los pensamientos de mi corazón sean aceptables a tus ojos. Permíteme hablar su verdad con sabiduría, a fin de que todos aquellos con los que hablo puedan entender y ser beneficiados por tu verdad.

Enséñame ahora en este estudio al recibir tu Palabra e instrucción. Pido estas cosas en el fuerte nombre de Jesús, mi Señor y Salvador, amén.

Contacto

Divinidades –
Divinidades son seres sobrenaturales o dioses que tienen un gran poder.

1. **¿Somos los únicos en el universo?** Muchas películas de *Hollywood* muestran la vida extraterrestre en el universo, por lo general asociados con las cosas negativas o malas. Miles de personas creen que no estamos solos en el universo, a pesar de que sugerirían rápidamente que no tienen idea de dónde es la vida, o lo que es. Otros creen que la humanidad está por sí misma en el vasto mar de soles y galaxias de los cuerpos celestes. Algunos creen que fuimos formados a través de procesos meramente naturales, otros por medio de *divinidades**, otros sugieren fuertemente que nadie puede saber nunca tales cosas. Cuando creció en su infancia, ¿cuáles fueron sus puntos de vista acerca de dónde venimos y qué ideas le enseñaron acerca de los orígenes de los cielos y el mundo?

2. **"¡Había una vez . . . !"** La mayoría de nosotros crecimos escuchando historias como canciones infantiles, cuentos de hadas y otras historias diseñadas para los niños, que se imparten en el hogar, en la iglesia o en la escuela. Dondequiera que los seres humanos viven en el mundo, les encanta escuchar y contar historias. Películas, libros, tiras cómicas, programas de televisión, documentales, medios de comunicación social, periódicos y la radio. Cada día oímos decenas de historias, algunas ciertas, otras falsas, algunas inspiradoras, otras vergonzosas. ¿Le sorprendería que la misma Biblia dice una sola, gran historia? Las Escrituras son una biblioteca de libros (66 libros en total, escrita por muchos autores por más de 1500 años), pero que cuentan una sola historia de Dios y su deseo de salvar a su creación.

   ¿Qué piensa usted acerca de las historias en general? ¿Alguna vez ha escuchado que la Biblia dice una sola historia sobre Dios y su salvación? ¿Cuáles son algunas de las diferencias entre muchas de las historias que hemos oído hablar o leído, y la única historia que se cuenta por los autores de la Biblia acerca de Dios y de su oferta de salvación para el mundo?

3. **"Hasta donde puedo decir, yo no veo un plan".** Desde el comienzo de la fe, poco después de la época de los apóstoles, los creyentes han

afirmado su sistema de creencias básica en los estados llamados credos. Dos de los más reconocidos y recitados a lo largo de la historia y aún hoy en día son el Credo de los Apóstoles y el Credo de Nicea (vea Apéndice). Estas dos confesiones concisas de la fe resumen la visión bíblica de quién es Dios, lo que él ha hecho en Cristo, y cómo restaurará la creación, de acuerdo al tiempo y método de Dios.

Muchas personas que no creen, sin embargo, sostienen que el cosmos (universo), se formó accidentalmente sin un propósito o finalidad que lo llamó a su existencia. Dicen que no existe un plan que conecta todo, y que no hay una explicación única para ayudarnos a saber por qué estamos aquí, hacia dónde vamos y cómo va a salir todo. Los ateos (aquellos que niegan que hay un Dios) dicen que es absurdo pensar ya sea que hay un Dios o algún plan más amplio para la vida. Ellos argumentan que, dado que no hay Dios sino sólo las cosas del universo que existen, no hay destino o finalidad para la vida y el mundo. Los agnósticos (los que dicen que nunca podemos saber si existe un Dios) dicen que, incluso que si Dios existe, que no podemos conocerle/la, y lo mejor que podemos hacer es ¡esperar que las cosas podrían resultar mejor tal vez! ¿Cómo el Credo de los Apóstoles y el Credo Niceno ayudan a responder a las objeciones de los que argumentan no hay ni un Dios ni un plan para el universo?

Contenido

En la Biblia, descubrimos la historia de Dios y la humanidad, centrada en Jesucristo nuestro Señor. Pero esta historia épica es más que un cuento que leemos; es algo en que participamos. Como seguidor/a de Jesús, ahora tiene una nueva identidad y usted juega un papel en *La epopeya en que nos encontramos*.

El universo fue creado por el *soberano** y *trino** Dios: Padre, Hijo y Espíritu Santo. Viviendo antes del tiempo, habitando en gloria eterna, y sin carecer de nada, Dios escogió hacer un mundo donde los seres humanos, hechos a su propia imagen y semejanza, podrían experimentar la plenitud de su creación. Pero este universo se convirtió en un caos por un príncipe *angélico** rebelde, Satanás. Con la intención de derrocar el reino de Dios, el diablo tentó a la primera pareja humana (Adán y Eva) para que se rebelara contra Dios, dejando a la humanidad maldita y sin esperanza de liberación.

....

***soberano/a** – Soberano/a se refiere al poder ilimitado con control sobre los asuntos de la naturaleza y la historia.

***trino** – Trino es otra manera de decir tres personas pero un Dios. A veces la palabra "trinidad" se utiliza para referirse a un solo Dios, pero en tres personas.

***angélico** – Angeles/angelicales son seres sobrenaturales creados por Dios que tiene mayor poder e inteligencia que los humanos.

A la vista de esta rebelión, Dios determinó levantar un Victorioso, un Redentor, que remediaría esta caída y terminar para siempre los efectos de la maldición. A través de Abraham, Dios hizo una promesa del pacto para llevar este Mesías (ungido), y levantó un pueblo de donde vendría el Mesías (Israel). Y, en la plenitud de los tiempos, el Padre envió al Hijo, Jesús, para revelar su gloria, redimir a su pueblo, y rescatar a su creación. Jesús mostró la sabiduría del reino en su enseñanza y el poder a través de sus milagros. Al dar voluntariamente su vida al morir en la cruz, pagó el castigo por nuestro *pecado** y destruyó las obras del diablo. Dios resucitó a Jesús de entre los muertos, cuarenta días después *ascendió al cielo** como victorioso Señor. En el quincuagésimo día después de su resurrección, él entonces envió al Espíritu Santo para facultar a la empresa en crecimiento de *discípulos** de Jesús, *la Iglesia**. Como familia del Padre, el cuerpo de Cristo, y el templo del Espíritu Santo, a la Iglesia se le ha designado invitar a la gente de todo el mundo a unirse a esta historia épica. Una vez finalizada nuestra buena batalla de la fe, Jesús volverá a establecer el reino de Dios en todo el universo, donde el dolor, la enfermedad y la muerte terminarán y él reinará para siempre con su pueblo. ¡Gloria a su nombre!

> Aparte de Cristo, la Biblia es un libro cerrado. Leer con Él en el centro, es la más grande historia jamás contada. La Biblia se trivializa cuando se reduce a un manual de instrucciones de la vida. De acuerdo con los apóstoles – y Jesús mismo – la Biblia es un drama que se desarrolla con Jesucristo como su personaje central.
>
> ~ Michael Horton. *Cristianismo sin Cristo*. Grand Rapids, MI: Baker Books, 2008, pág. 142.

. . . .

*pecado – El pecado es fallar de hacer lo que Dios quiere, ya sea por lo que decimos, lo que hacemos, o lo que pensamos.

*ascendido al cielo – Jesús dejó físicamente la tierra y se fue al cielo mientras sus seguidores observaban. Después de su muerte y resurrección, su ascensión fue una expresión triunfante de dejar esta tierra para sentarse en su trono en el cielo como rey victorioso. También puso en marcha la venida del Espíritu Santo, quién podría facultar a los cristianos en todas partes, en todo el mundo.

*discípulos – Un discípulo es un estudiante o seguidor de Jesús. Cada cristiano es un discípulo. A veces el término "discípulo" se utiliza de una manera específica para referirse a los doce hombres que Jesús escogió para unirse en su ministerio terrenal.

*Iglesia – La Iglesia es la comunidad del pueblo de Dios que reconoce a Jesús como Señor, que lleva a cabo sus propósitos en la tierra, compuesta por todos aquellos en el pasado, presente y futuro, de todos los lugares de la tierra y a través de la historia.

> Especialmente deberían esas preguntas "encendernos" cuando pasamos a la historia bíblica, en el que se duplica y se triplica el ingrediente de reversión. Para convertir una página en el libro de cuentos y la historia que es la Biblia hay que hacer frente a la reversión una y otra vez. Como uno de nosotros ha escrito en otra parte, "En los momentos cruciales cuando Dios muestra sus proezas en la historia para revelar su naturaleza y voluntad, Dios también intervino para liberar a los pobres y los que están en opresión". Los momentos de intervención son también momentos de reversión, momentos cuando lo que se podría esperar no es lo que uno obtiene, cuando lo que los del mundo consideran insignificante llegan a ser precisamente los que el Creador del mundo considera importante.
>
> ~ Ronald J. Sider y Michael A. King.
> *La predicación sobre la vida en un mundo amenazador.*
> Filadelfia: The Westminster Press, 1987, pp. 56-57.

La epopeya en que nos encontramos
Lección 1 Estudio bíblico

Lea los siguientes pasajes y conteste brevemente las preguntas asociadas a cada enseñanza bíblica.

1. *El SEÑOR Dios es Dios, y él es el creador del universo.* Lea Génesis 1:1-3:15.

    a. ¿Qué papel juega Dios en esta historia?

    b. ¿Qué parte Adán y Eva juegan en esta historia?

    c. ¿Qué papel juega la serpiente en esta historia?

2. *Todos los pueblos se formaron y existen a través de la voluntad de Dios y su poder.* Lea Hechos 17:24-31. Enumere por lo menos tres cosas que Pablo explica acerca de la historia de Dios al hablar a los atenienses.

3. *Dios ha hablado a toda la humanidad a través de su creación, a través de los profetas de Israel, y por último, en estos últimos días por medio de Jesucristo.* Lea Hebreos 1:1-4.

    a. ¿De qué manera el escritor describe la manera en que Dios ha hablado a la humanidad?

    b. ¿Qué importancia da el escritor a los Hebreos a Dios para que nos hable a través de Jesús?

4. *Dios se ha unido a la historia al convertirse en un ser humano y vivir en la tierra.* Lea Juan 1:1-14.

    a. ¿Quién es "la Palabra", y cuál es su relación con Dios?

    b. ¿Cuál es la relación de la Palabra con toda la creación?

    c. Para aquellos que creen en la Palabra, ¿qué es lo que reciben, y cómo "nacen de nuevo"?

5. *La historia del amor de Dios dada en Jesús es que se les diga a todos los pueblos, en todas partes.* Lea Mateo 28:18-20. ¿Qué mandato da Jesús a sus seguidores?

6. *El evangelio son las Buenas Nuevas de la salvación que resume la epopeya en la que vivimos.* Lea 1 Corintios 15:1-8.

    a. ¿Qué dice Pablo que es de primera importancia?

    b. ¿Qué es "gracia", y por qué es el Evangelio (Buenas Nuevas) siempre relacionado a la "gracia"?

    c. El Evangelio es un mensaje acerca de lo que Dios hizo en Cristo. ¿Qué pasó?

    d. Después de que Jesús terminó su trabajo, ¿qué reveló de sí mismo?

7. *Jesús de Nazaret es el centro de la historia de Dios de su vida, muerte y resurrección.* Lea Marcos 1:1-13. Cuando Jesús fue bautizado, coincide con cómo aparecieron Dios como padre, hijo y Espíritu Santo.

   a. Padre   ___En forma de una paloma

   b. Hijo   ___Una voz del cielo

   c. Espíritu Santo   ___Jesús de Nazaret

8. *La historia que Dios está contando en Jesús es una historia de restauración, sanidad y bendición a los que sufren y para los pobres.* Lea Isaías 61:1-4. Enliste las cinco predicciones que Isaías dice que Jesús hará cuando él venga a recuperar lo que se perdió.

> Mi nombre es Nee. Es un nombre chino bastante común. ¿Cómo he llegado a él? Yo no lo elegí. Yo no fui a través de la lista de posibles nombres chinos y seleccioné éste. Que mi nombre sea Nee de hecho no es obra mía en absoluto, y, por otra parte, no puedo hacer nada que pueda alterarlo. Soy un Nee porque mi padre era un Nee, y mi padre era un Nee porque mi abuelo era un Nee. Si actúo como un Nee soy un Nee, y si actúo a diferencia de un Nee sigo siendo un Nee. Si llego a ser presidente de la República China, soy un Nee, o si me convierto en un mendigo en la calle todavía soy un Nee. Nada de lo que haga o deje de hacer me hará que no sea un Nee.
>
> Somos pecadores, no por nosotros, sino por causa de Adán. No es porque yo he pecado individualmente que soy un pecador, sino porque estaba en Adán cuando él pecó. Porque por nacimiento vine de Adán, por lo tanto, yo soy parte de él. Lo que es más, no puedo hacer nada para alterar esto. No puedo, por mejorar mi comportamiento, lograr que no sea una parte de Adán, y por lo tanto un pecador.
>
> ~ Watchman Nee. *La vida cristiana normal*. Fort Washington, PA: Christian Literature Crusade, 1974, p. 26.

Resumen

Según la Biblia, el Señor Dios de los Hebreos es el único y verdadero Dios, que se ha revelado como un Dios en tres personas (Padre, Hijo y Espíritu Santo). Dios nos ha dicho a su gran historia (es decir, épica), que habla de su amor y la determinación para salvar a su creación de la destrucción. Dios es el creador del universo, que hizo todas las cosas de la nada (*ex nihilo*), y decidió que iba a levantar un pueblo a través de los cuales un Príncipe y Salvador vendrían. A pesar de que originalmente hizo a su pueblo sin pecado, se rebelaron contra él, *cayó de su gracia**, y trajeron sobre toda la creación y humanidad, maldición, que termina en la muerte. Dios prometió enviar un Salvador que pagara el precio de nuestros pecados, tomara sobre sí el castigo por nuestra desobediencia, y darnos la vida eterna por medio de la fe. Jesús de Nazaret es el Salvador, que murió para liberarnos. Ahora, por la fe en él, podemos ser salvos del castigo y del poder del pecado, y recibimos eterna vida--que podemos ser parte de la historia que Dios está contando.

Apéndices

Los apéndices que usted debe estudiar y meditar por su relevancia para esta lección son los siguientes:

Había una vez (Ap. 1)
La historia que Dios está contando (Ap. 2)
Desde antes hasta después del tiempo (Ap. 6)
La sombra y la sustancia (Ap. 7)
Jesucristo, el personaje y tema de la Biblia (Ap. 22)
El Credo Niceno (Ap. 24 y 25)
El Credo de los Apóstoles (Ap. 26)

> Todo el mundo es un escenario, se ha dicho. En ningún sentido es esto más cierto que en el gran drama que se desarrolla al que podríamos llamar el "conflicto de las edades". La trama en la Escritura y la historia revela una guerra cósmica entre dos reinos en el que todos estamos jugando una parte de acuerdo con el plan de Dios. Es contra este telón de fondo del propósito del reino de Dios en la historia que los escritores bíblicos han escrito e interpretado la Escritura
>
> ~ James DeYoung and Sarah Hurty. *Más allá de lo obvio*. Gresham, OR: Vision House Publishing, 1995, pp. 83-84.

***cayó de su gracia** – Cuando Adán y Eva se unieron a Satanás en la rebelión, el pecado los separó de la relación perfecta con Dios; sus acciones los alejaron de Dios, y trajo la muerte al mundo.

Principio clave

Dios Todopoderoso vino a la tierra en Jesús de Nazaret, y reconcilió al mundo consigo mismo a través de su muerte en la Cruz (2 Corintios 5:19).

Estudios de casos

Lea y reflexione sobre los siguientes casos y conceptos, y responda y dé sus puntos de vista para su resolución, basados en los textos que estudió anteriormente.

1. **"No creo que haya un Dios".** Durante el tiempo de almuerzo en el trabajo, Janice estaba discutiendo la idea de cómo el mundo llegó a estar con su compañera de trabajo, Leah. Leah cree firmemente que no hay evidencia en lo absoluto de que Dios, o cualquier dios, existe en el mundo. Todas las religiones tienen diferentes ideas de quién es Dios, cuántos dioses hay, y lo que cuentan ellos como los escritos sagrados. Janice es un creyente en Cristo, que cree que el Padre Todopoderoso hizo el mundo, y que la creación es demasiado bella y magnífica para pensar que solamente sucedió, sin ningún propósito o significado. Si fuera Janice, ¿cómo compartiría con Leah sobre las Escrituras que acaba de estudiar en lo que dice la Biblia acerca de Dios y la creación del mundo?

2. **"¿Por qué Dios no cambia las cosas ahora?"** En un estudio bíblico con algunos nuevos cristianos, la pregunta surgió -Si Dios es el creador, y él está trabajando todas las cosas, ¿por qué cosas horribles suceden en el mundo? Algunos creían que Dios no sabe sobre todas las cosas que están pasando en el mundo, mientras que otros dijeron que Dios lo sabía, pero había decidido no interferir con las cosas que suceden. Basado/a en lo que sabe ahora, ¿cómo respondería a la pregunta de por qué las cosas en el mundo van como van ahora? ¿De qué manera lo que hemos aprendido en esta lección nos ayuda a entender por qué Dios permite que pasemos por cosas difíciles, al menos por un tiempo?

3. **¿Hay muchos caminos hacia Dios?** Muchas personas hoy en día creen que todas las religiones son igualmente importantes y que hay muchos caminos diferentes que llevan a Dios. Es como si en la falda de una montaña, muchos grupos diferentes empiezan a caminar hasta la cima de la montaña, comenzando de diferentes puntos de las faldas. Todos ellos tienen la intención de llegar a la cima de la montaña (donde vive la "divinidad"), pero van a tomar caminos diferentes, procedentes de diferentes ángulos y puntos de vista en el camino. Tarde o temprano (como va el argumento) todos los excursionistas (las religiones del mundo) encontrarán su camino a la cima (la espiritualidad y lo divino). En este punto de vista, todas las religiones son iguales, todos hablan realmente de lo divino, y cualquiera de ellos se pueden seguir para encontrar a Dios. ¿Cómo nuestro estudio habla a este tipo de razonamiento acerca de muchos caminos hacia lo divino?

Conexión

Ahora que se ha arrepentido (apartado de pecado) y creído en Jesús de Nazaret como Señor, usted ha nacido de lo alto, hecho hijo/hija de Dios por la fe en el Evangelio. Esto significa que usted ha sido elegido/a por Dios, y es parte de su gran plan para salvar a la humanidad a un pueblo para su propia gloria. ¡Usted no está simplemente leyendo sobre el plan de Dios y la historia, que ahora se han unido a él! Ahora se ha unido a Jesús por la fe, y ha sido perdonado de su pecado, adoptado en su familia, y reclutado en su ejército. ¡Cuando usted cree en Jesús, se unió a la historia!

Esto significa que ahora tiene que aprender todo acerca de la historia, lo que Dios está haciendo, cómo él quiere que viva, y cómo puede ser utilizado por él para ayudar a otros a unirse a su historia de amor y de salvación, también. No debe tener miedo; Dios le ha dado su propio Espíritu Santo que le enseñe, él le ha dado la Palabra de Dios para instruirle, la iglesia cristiana con quien entablar amistad con usted, y el poder de la oración para ayudarle a conseguir todo lo que necesita para vivir esta gran historia en su nueva vida.

Ahora tiene nuevos amigos, ¡así como nuevos enemigos! Se le ha sacado del dominio de las tinieblas, y ahora tiene que aprender a resistir las mentiras del diablo, las tentaciones del mundo, y los hábitos de su vieja naturaleza pecaminosa. Para ser salvo es haber tomado el lado de Dios en una lucha, por los corazones y las mentes de la gente en todas partes. Pero, ¡no se preocupe! Dios nos ha concedido todo lo que necesitamos para vivir la vida cristiana, para complacer y glorificar a Dios, y para vencer al enemigo en esta gran historia en que ahora participamos.

Pase algún tiempo agradeciendo a Dios por traerle hacia el mismo, para hacerle su hijo, y concederle la vida eterna. Pídale la fuerza y ayuda para seguir aprendiendo y creciendo como un discípulo (seguidor) de Jesús, y como soldado en su ejército. Él nunca nos dejará ni nos abandonará.

¡Bienvenido a la familia, y bienvenidos a la lucha!

Afirmación

Yo soy creado a imagen de Dios, y aunque yo era una vez un enemigo de Dios, soy escogido para participar en el plan de Dios cósmico para volver a ganar todo lo perdido en la caída.

Oración

La oración del Señor ha sido utilizada por la iglesia durante siglos, basada en la propia enseñanza del Señor Jesús a sus discípulos en Mateo 6:9-13 y Lucas 11:2-4.

Padre que estás en los cielos, santificado sea tu nombre. Venga tu reino, hágase tu voluntad en la tierra como en el cielo. Dános hoy nuestro pan de cada día y perdona nuestras deudas así como nosotros perdonamos a nuestros deudores. Y no nos dejes caer en tentación y líbranos del mal. Porque tuyo es el reino, el poder y la gloria por los siglos. Amén.

Grito del corazón de Dios

Eterno Dios, mi Padre, gracias por haber revelado a mí tu gran plan y la historia en las Escrituras. Creaste el universo y el mundo, y eres mi creador y mi Dios. Gracias por abrir mi corazón para escuchar el evangelio de vuestra salvación, de la oferta de la vida eterna que hiciste para todas las personas que creen en Jesús. Acepto que me amas y me salvaste. Me has hecho una parte de tu historia. Ayúdame, por tu Espíritu, a aprender a vivir para que pueda darte gloria y estar de pie contra aquellas cosas que me alejarían de ti, y de vuelta al mundo. Dame la gracia para complacerte hoy. En el nombre de Jesús. Amén.

Para más estudio

En www.tumi.org/sacredroots, tenemos una sección dedicada a los recursos adicionales por escrito y video.

Norman Geisler. *Para entender la Biblia busque a Jesús..* Eugene, OR: Wipf and Stock Publishers, 2002.

Para la próxima sesión

En la siguiente sesión, explorará ***El alistamiento que hacemos*** incluyendo los siguientes temas:
1. Jesús venció al diablo y abrió el camino para que nos unamos al reino de Dios.
2. A través de nuestro arrepentimiento y la fe, por la gracia de Dios somos bautizados en el cuerpo de Cristo.
3. Se nos ha dado el Espíritu Santo como garantía de nuestra herencia.

Memorización de la escritura

1 Juan 3:8

1. En un documento separado, resuma la historia de la Biblia. Comparta su resumen con un creyente maduro en su iglesia.
2. Lea el apéndice *Cómo comenzar a leer la Biblia.*
3. Comience un plan diario de lectura de la Biblia.

Lección 2

EL ALISTAMIENTO QUE HACEMOS
Aceptando nuestro papel en el conflicto cósmico de las edades

> En él también vosotros, habiendo oído la palabra de verdad, el evangelio de vuestra salvación, y creído en él, fuisteis sellados con el Espíritu Santo de la promesa, que es las arras de nuestra herencia hasta la posesión adquirida, para alabanza de su gloria.
>
> ~ Efesios 1:13-14

Objetivos

Al final de esta sesión, usted debe entender *El alistamiento que hacemos* creyendo que:
- A través de su vida sin pecado y morir en nuestro lugar, Jesús venció al diablo y abrió el camino para los que creen entrar en el reino de Dios.
- Por medio del arrepentimiento (volverse a Dios de nuestros pecados) y la fe (creer en la verdad acerca de la obra de Jesús), y por la gracia de Dios somos bautizados en el cuerpo de Cristo.
- Se nos ha dado el Espíritu Santo como garantía de nuestra herencia.

Oración de apertura por sabiduría

Eterno Dios, mi Padre, dices en tu Palabra que eres la fuente de todo conocimiento y sabiduría. Reconozco esto como la verdad, querido Padre, y pido que impartas en mí la sabiduría divina, para que pueda ser capaz de usar bien la Palabra de verdad (2 Timoteo 2:15). Por favor, instrúyeme y enséñame el camino que debo seguir (Salmo 32:8), y dirige mis pasos. Inclina mi oído para escuchar tu voz, y corrígeme ahora en mi forma de pensar y hablar, y guíame cuando he ido por mal camino.

Padre, concédeme el don de discernimiento, y permíteme mientras estudio conocer la diferencia entre las enseñanzas piadosas e impías, espíritus y dones. Muéstrame por el Espíritu Santo lo que su voluntad es, y me dé una idea de cómo puedo llevar a cabo sus intenciones con todo mi corazón.

Querido Señor, por favor ayúdame a ser pronto para oír y oír, tardo para hablar, tardo para la ira (Santiago 1:19). Que las palabras de mi boca y los pensamientos de mi corazón sean aceptables a tus ojos. Permíteme hablar su verdad con sabiduría, a fin de que todos aquellos con los que hablo puedan entender y ser beneficiados por tu verdad.

Enséñame ahora en este estudio al recibir tu Palabra e instrucción. Pido estas cosas en el fuerte nombre de Jesús, mi Señor y Salvador, amén.

Contacto

1. **"¿Por qué el diablo nos odia y no le hacemos nada? ¿verdad?"** En un estudio bíblico en grupos pequeños para nuevos creyentes, un grupo de cristianos nuevos en la fe estudiaron la historia de la Biblia con su instructor. Durante el transcurso del estudio, se enteraron de que el diablo engañó con mentiras y falsedades a la primera pareja humana, Adán y Eva, haciendo que pecaran. Uno de los estudiantes preguntó al instructor, "No entiendo. ¿Por qué el diablo fue tan malo como para mentir a Adán y Eva, meterlos en problemas, y desordenar todo? ¿Qué le hicieron a él y por qué odia tanto a la gente?" Basado en lo que sabe ahora acerca de la Biblia y de la historia, ¿por qué cree que las Escrituras declaran que el diablo acusa, engaña, y persigue a los seres humanos tanto? ¿Por qué lo ha hecho desde el principio?

2. **"Seguro, creo, pero no creo que estoy listo para entrarle – al menos, todavía no".** Cuando Marsha compartió las Buenas Nueva de la oferta de Dios de la vida eterna con su primo Ralph, se encontró con algo que ella sabe no sabía qué hacer con el. Le dijo Marsha que la oferta de Dios parecía buena, incluso atractiva, excepto la parte de volverse a Dios de sus pecados. (Ralph estaba profundamente involucrado en los juegos de apuestas en línea, algunos de los cuales eran en artes negras y compartió un tipo de historia de lucha demoníaca). Al oír el testimonio de Marsha acerca de la historia, dijo Ralph, "Realmente veo lo mucho que Dios nos ha amado al enviar a Jesús – que es una cosa increíble. Pero, honestamente, ahora mismo, yo no creo que pueda comprometerme con él, sobre todo si esto significa que tenga que cambiar todo y renunciar a algunas de las cosas que hago en este momento. Eso es duro. ¿No puedo simplemente creer en Jesús y que eso sea suficiente? ¿Por qué tengo que, como usted decía, 'arrepentirme de mis pecados'? No creo que estoy listo para ese tipo de compromiso extremo todavía. ¿Hay otra manera, o una manera de evitar todas esas cosas de arrepentimiento?" ¿Cómo debe responder Marsha a Ralph sobre este punto – de que necesita arrepentirse del pecado, a fin de ser salvo? Explique.

3. **"Ahora que es un discípulo de Jesús, usted se ha convertido en su blanco".** Mientras muchas personas hablan de la fe cristiana como el único amor y gracia de Dios, pocos parecen entender la fe como el alistamiento del lado de Dios en una batalla. La verdad es que el momento en que una persona se arrepiente y cree en Jesús, se está involucrando en una guerra, lo que un autor cristiano llamó "la madre de todos las batallas". Decir ¡SI! a Cristo y su reino es decir simultáneamente ¡No! a las tentaciones del mundo, a las pasiones interiores de nuestra vieja

naturaleza pecaminosa, y a las mentiras del enemigo. Muchas de estas mentiras han dado forma a lo que somos - hemos creído en ellas a lo largo de toda nuestra vida. Llegar a ser un cristiano/una cristiana es llegar a ser un soldado, y convertirse en un objetivo de los enemigos de Dios. ¿De qué manera ha encontrado que esto es cierto, desde el tiempo que aceptó a Cristo Jesús como su Salvador y Señor?

Contenido

En la última sesión (*La epopeya en que nos encontramos*), aprendimos que la historia de la salvación en Cristo, articulada en la Biblia, responde a las grandes preguntas sobre la vida. Pero por increíble como esta epopeya sea, esta gran historia no debe sólo ser oída simplemente por diversión, como cuando va al cine, ve la película, y luego se olvida de ella. Cuando escuchamos la historia de rescate de Dios y restauración en Cristo, debemos tomar la decisión de cooperar con Dios. Debemos recibir su testimonio acerca de su historia, aceptarla como la verdad, dejar que se convierta en nuestra propia historia, y luego comenzar a participar en esta buena batalla de la fe. Tenemos que *cambiar de lado*, la incorporación voluntaria en el ejército del Señor.

No por mérito propio, y completamente por la misericordia de Dios a través de la muerte sustitutoria de Cristo ("en nuestro lugar"), se extiende a todos los seres humanos la invitación a alistarse. La invitación para ser salvo es un llamado a la guerra – para ir desde el reino de las tinieblas al reino de la luz, a pasar de una vida vivida por uno solo para convertirse en un embajador de Jesucristo como Señor, siguiéndolo en medio de un mundo torcido y confuso.

Si confiesa su rebelión y el pecado, se aparta de él en *arrepentimiento**, y pide perdón a Dios a través de la muerte de Jesús en la cruz, Dios le limpia y le pone en buena relación con él. Usted es colocado en el Cuerpo de Cristo, la familia de Dios, la Iglesia. Tras la salvación, Dios el Espíritu Santo hace su morada en nosotros, y luego nos da el poder día a día para honrar a Dios, servir a Cristo, y hacer su obra. El Espíritu Santo es el pago inicial (enganche) del regalo completo de Dios que vendrá a nosotros cuando Jesús regrese; el Espíritu sirve como garantía de nuestra herencia futura en Cristo.

El arrepentimiento del pecado y aferrarse a Cristo por la fe es el cambio de lealtad del reino de Satanás al Reino de Dios. Cuando lo haga, literalmente, está conectado con todos los que han creído a Dios por la fe y son rescatados

. . . .

*arrepentimiento – Arrepentirse significa cambiar de opinión, volver a e ir hacia otro lado, volver el camino que Dios desea. Cuando usted se arrepiente, usted está de acuerdo con Dios que estaba en el camino equivocado y cambia su comportamiento para estar en línea con la voluntad de Dios.

de la ira venidera. El *bautismo** en agua, ordenado por Jesús para todos los creyentes, es una señal externa de esta obra interior de la gracia hecha en nosotros por el Espíritu Santo que nos conecta a Cristo como nuestro Señor y Líder, y declara públicamente nuestra lealtad y compromiso como su seguidor al resucitado Señor.

> Reconocer a Jesús como Salvador y Señor es unirse a un ejército. Ya sea que usted lo sepa o no, usted ha sido alistado.
>
> ~ John White. *La lucha*.
> Downers Grove, IL: InterVarsity Press, 1976, p. 217.

El alistamiento que hacemos
Lección 2 Estudio bíblico
Lea los siguientes pasajes y conteste brevemente las preguntas asociadas a cada enseñanza bíblica.

1. *La Palabra se hace carne, y ofrece a los creyentes la salvación eterna.* Lea Juan 1:10-14.

   a. Según Juan, ¿quién fue esta Palabra, y cuál es su relación con Dios?

   b. ¿Cuál fue esta relación de la Palabra para Juan el Bautista? ¿Cuál es su relación con el mundo?

   c. ¿Cómo da Dios a las personas el derecho de ser hijos de Dios?

. . . .

*bautismo – Bautismo es un ritual para los creyentes que implica la aplicación de agua en el cuerpo con el fin de representar que usted ha sido colocado en el Cuerpo de Cristo. Puede implicar inmersión (mojando) en agua, vertirlo en la cabeza, u otros medios de aplicación. El bautismo viene de una palabra del griego "baptidzo" que significa "colocar dentro". Así que el bautismo es importante porque es una demostración pública de una realidad espiritual; muestra que ahora ha sido colocado en Cristo. Todo creyente debe ser bautizado porque Jesús nos pidió a todos a hacerlo como una demostración pública de nuestra lealtad a él.

d. ¿Cómo nos convertimos en hijos de Dios? (Escoja la mejor respuesta.)
   i. Nacido de sangre, o descendencia natural
   ii. Nacido por voluntad humana, o decisión del esposo
   iii. Nacido de Dios

2. *La salvación del pecado y la muerte nos es dada por la gracia de Dios, mediante la fe.* Lea Efesios 2:1-10.

   a. ¿De qué manera el *apóstol** describe a los seres humanos y su relación con el diablo (el "príncipe de la potestad del aire"), antes de que se arrepienten y crean en Cristo?

   b. Enumere tres cosas que fueron verdad sobre usted antes de que Dios le salvara por su misericordia.
      i.

      ii.

      iii.

   c. ¿Cómo somos salvos? (Elija la mejor respuesta.)
      i. Por la gracia mediante la fe (como un regalo de Dios)
      ii. Por sus buenas obras (para que pueda presumir)

   d. ¿Con qué propósito fuimos salvos – qué quiere Dios que seamos y hagamos, ahora que somos salvos?

. . . .

*apóstol – Apóstol significa "Uno que es enviado". Este término se utiliza de dos maneras en la Biblia. Muy a menudo, como en este caso, se refiere a la gente que Jesús envió personalmente para llevar a cabo su trabajo, entre ellos los 12 que lo acompañaron en su ministerio terrenal, y una persona como Pablo, quien recibió una asignación personal de Jesús en Hechos 9. El relato de un testigo de los apóstoles es vital para nosotros porque su testimonio constituye todo lo que sabemos acerca de Cristo (vea 1 Juan 1:1-4 y 2 Pedro 1:16-18). Por ello, el Credo de Nicea habla de nuestra fe como "apostólica"; basamos nuestra interpretación de la Biblia y la historia humana en lo que dijeron los apóstoles. La segunda forma de cómo se utiliza la palabra "apóstol" (por ejemplo Ef. 4:11) es en referencia a los dotados por el Espíritu para ser enviados a una tarea o misión específica. Hoy los llamamos "misioneros", es decir, las personas enviadas para un propósito específico, como la plantación de iglesias.

3. *Jesús es Aquel que venció al diablo con el fin de liberar y restaurar la creación y la humanidad.* Lea Lucas 11:14-23.

   a. ¿Qué hicieron los enemigos de Jesús que lo acusaron, después de haber echado un demonio de un hombre sordomudo?

   b. En respuesta, ¿qué sugiere Jesús sobre la naturaleza de un reino dividido contra sí mismo?

   c. ¿Qué dijo Jesús que hubiera pasado si él echaba fuera demonios por "el dedo de Dios" (es decir, el Espíritu Santo de Dios)?

   d. ¿Cómo describe Jesús su poder para vencer al "hombre fuerte" (el diablo) en esta parábola?

   e. La parábola de Jesús en Lucas 11 puede explicarse claramente en 1 Juan 3:8. ¿Por qué razón apareció Jesús en la tierra?

4. *A Jesús de Nazaret se le ha dado la autoridad absoluta del Padre para juzgar y para salvar.* Lea Juan 5:19-27.

   a. ¿Cómo explica Jesús las obras que él hace en relación a lo que hace el Padre?

   b. Si la gente no puede honrar a Cristo, ¿qué significa esto en su relación con el Padre?

   c. ¿Qué dijo Jesús sobre los que escuchan su Palabra y creen en Aquel que lo envió?

      i. Tiene _____ eterna

      ii. No _____

      iii. Pasó de _____ a vida

5. *Ningún ser humano puede ser declarado justo basado en sus buenas obras; todos somos hechos justos delante de Dios por la fe en Jesucristo.* Lea Romanos 3:9-28.

   a. Enumere tres formas en las que se describen a los seres humanos con respecto a su situación moral delante Dios.

      i.

      ii.

      iii.

   b. Enumere tres cosas que Pablo dice acerca de cómo somos justos delante de Dios.

      i.

      ii.

      iii.

   c. Entonces, ¿cómo somos justificados (declarados justos) delante de Dios sin la obediencia a la ley?

6. *Nacemos de nuevo a una nueva vida al creer en Jesucristo.* Lea Juan 3:1-21.

   a. ¿Por qué es necesario que uno nazca de nuevo para entrar en el Reino de Dios?

   b. Jesús se refirió a una historia del Antiguo Testamento en Números capítulo 21 para ayudar a Nicodemo a comprender cómo Jesús había de morir por el bien de la humanidad en la cruz. ¿Qué símbolo se mencionó en la historia, y qué tuvo que hacer la gente para ser sanada? ¿Cómo usó Jesús la historia en la enseñanza de Nicodemo (cf. v. 15)?

c. Llene los espacios en blanco (vv. 14-17).

   i. El Hijo del hombre tiene que ser levantado así también_____
      _____.

   ii. Tanto amó Dios al mundo que dio a su Hijo único para que_____
       _____.

   iii. Dios no envió a su Hijo para _____ al mundo
        sino para que el mundo sea _____.

7. *A pesar de que en otro tiempo eramos insensatos y desobedientes, ahora por la fe llegamos a ser hijos de Dios muy propios a través de la gracia de Dios en Jesús.* Lea Tito 3:1-8.

   a. ¿Cómo vamos como nuevos creyentes en Cristo a relacionarnos con:

      i. Los gobernantes y autoridades

      ii. Todas las personas

   b. Describa la forma en que estábamos antes de que nos arrepintiéramos y creyéramos en Cristo.

   c. ¿Qué nos pasa cuando la bondad y la misericordia de nuestro Dios se nos aparece?

   d. ¿Cómo debemos vivir ahora, después de haber sido salvos por la gracia de Dios?

8. *Después de creer, el Espíritu Santo habita en nuestros cuerpos y nos sella como posesión del Señor – y por la batalla que luchamos.*

   a. Lea Efesios 1:13, 14. Llene los espacios en blanco:

      i. Cuando usted creyó en él, usted fue sellado por el
         _____.

ii. El Espíritu Santo es una garantía de nuestra _____ _____ hasta que adquiramos la posesión.

b. Lea Romanos 8:12-17. Conteste las siguientes preguntas, verdadero o falso.

i. Ahora que somos habitados por el Espíritu Santo, no tiene que ceder ante el pecado.

ii. Hemos sido adoptados por la obra del Espiritu que obra en la familia de Dios.

iii. Somos herederos de Dios y coherederos con Cristo, si es que padecemos juntamente con él.

9. *Dios ha llamado mensajeros a declarar al mundo la victoria de Cristo sobre el diablo y el pecado.* Lea Hechos 26:12-18. Llene los espacios en blanco. Cuando Pablo recibió una visión de Jesús, ¿qué le asignó Jesús que hiciera?

a. Sea un siervo y _____ de las cosas que usted verá (v. 16).

b. Abre los ojos de las personas para que se conviertan de las _____ a la luz, de la potestad de _____ a Dios, para que reciban _____ de pecados y herencia entre los santificados por _____ (v. 18).

Resumen

Todo el que se vuelve a Dios de sus pecados (arrepentimiento) y cree en Jesucristo como Señor resucitado (fe) son salvos – perdonados, sanados, y aceptados en la familia del Señor, por su gracia y misericordia. Esta invitación de convertirse en hijo propio de Dios implica cambiar nuestra lealtad de este mundo y su pecado a Cristo y su Reino. Creer es volver a Dios de este mundo, jurar lealtad a otro maestro, un nuevo reino, y una nueva vida. Jesús vino para destruir las obras del diablo, para restaurar a la humanidad a una relación correcta con Dios, y pronto, restaurar todas las cosas del universo bajo el reinado de Dios en su Reino.

Dios nos salva por su gracia, y no por nuestra obediencia a su Ley, o nuestros propios méritos o buenas obras. Somos restaurados a una relación correcta con Dios sólo por su misericordia, por causa de la muerte sustitutoria de Cristo ("en nuestro lugar"). Ahora que somos salvos, nos alistamos en la lucha contra el pecado, el mal y el reino de las tinieblas. En verdad, la invitación para ser salvo es un llamado a unirse al amado ejército del Señor, y para luchar contra el mundo, nuestra vieja naturaleza pecaminosa y el diablo.

Después de que creemos, Dios nos sella con su Espíritu Santo, quién hace su morada en nosotros, y nos da la fuerza, dirección, y la capacidad de honrar a Dios, servir a Cristo, y hacer su trabajo. El Espíritu Santo es el pago inicial del regalo completo de Dios que vendrá a nosotros cuando Jesús regrese; el Espíritu sirve como garantía de nuestra herencia futura en Cristo. Los beneficios de la gracia de Dios se hacen reales por el Espíritu Santo: el perdón de los pecados, rescate del demonio y el reino de las tinieblas, y el poder para obedecer la voluntad de Dios mientras vivamos la vida cristiana.

Nosotros cooperamos con el Espíritu Santo, al afirmar la verdad de la Palabra de Dios, cambiando nuestro diálogo de declaraciones negativas, destructivas, y falsas a declaraciones precisas, en consonancia con la Escritura. Somos nuevas criaturas en Cristo, y ahora tenemos que aceptar lo que los autores de la Biblia dicen en la Escritura como la verdad acerca de nosotros mismos, nuestro pasado, y lo más importante, acerca de nuestro potencial y nuestro futuro. Nosotros ya no somos súbditos del reino de las tinieblas; se nos ha trasladado al reino del Hijo de Dios, el reino de la luz. ¡Deje que los redimidos del Señor comiencen a decirlo (Sal. 107:1-3)!

Apéndices

Los apéndices que usted debe estudiar y meditar por su relevancia para esta lección son los siguientes:

Jesús de Nazaret: La presencia del futuro (Ap. 4)
La historia de Dios: Nuestras Raíces Sagradas (Ap. 5)
Desde antes hasta después del tiempo (Ap. 6)
La sombra y la sustancia (Ap. 7)

Principio clave

Más a todos los que le recibieron les dio potestad de ser hechos hijos de Dios (Juan 1:12).

Estudios de casos

Lea y reflexione sobre los siguientes casos y conceptos, y responda y de sus puntos de vista para su resolución, basados en los textos que estudió anteriormente.

1. **"No creo sentirme en victoria ahora".** Muchos (si no la mayoría) nuevos cristianos empiezan su caminar cristiano con mucha alegría y confianza, sólo para encontrarse con la oposición inicial, y luego se encuentran ellos mismos luchando con el pecado y la vergüenza.

Habiendo comenzado fuertes, son a la vez sorprendidos y desanimados de que la vida cristiana no es tan fácil como el predicador prometió. Todavía son tentados, se enojan, siguen cediendo al pecado, y todavía tienen que luchar con la lujuria, la codicia y el orgullo. Ellos mismos se preguntan: "¿Dónde está la victoria de la que habla la Biblia? ¿Por qué no puedo llamar al Señor y las cosas se pondrán bien justo en ese momento? Si Dios está de mi lado, ¿por qué entonces todavía lucho?" ¿Qué le diría a alguien que se siente desilusionado/a de la manera de Cristo – que no se siente particularmente victorioso/a en medio de la lucha y el estrés de la vida cotidiana?

2. **"¿Cómo puedo saber con seguridad que realmente he sido perdonado?"** Cada cristiano en crecimiento o cristiano inmaduro se encontrará con dudas sobre si de hecho han sido salvos. A pesar de que han convertido sus vidas al Señor, inevitablemente piensan, dicen y hacen cosas que están fuera de sincronía con su nueva vida en Cristo. A veces este tipo de "túmulos" en la carretera hacen que aún existan dudas si fueron salvos en lo absoluto. Se llenan tanto de duda y miedo, que fácilmente pueden ser persuadidos o ser tentados de pedirle al Señor en varias ocasiones que les salven una y otra vez. Ellos no sólo carecen de toda garantía de que su primera confesión de Cristo, sino que también se preguntan si todo lo que se hizo fue una pura idea en sus mentes en primer lugar. ¿Cómo el estudio de los textos bíblicos anteriores le ayuda a resolver este tipo de corrosión, de duda permanente? ¿Cómo ayudan a un nuevo creyente saber que son salvos, a pesar de cómo se sentirían en un día determinado (vea 1 Juan 5:11-13)?

3. **"Es increíble. Ahora que soy salvo por gracia, puedo hacer lo que quiera. ¡Soy libre!"** En una ocasión, un nuevo creyente se expuso a lo que la Biblia dice acerca de la gracia, la justicia de Cristo, y la vida eterna. En lugar de volverse humilde y agradecido, erróneamente torció el conocimiento en orgullosa arrogancia. Comenzó por compartir con sus amigos, "Ya que Dios nos ama y nos salva por su gracia, uno no tiene que preocuparse acerca de cómo vive. Hagamos lo que hagamos, él nos perdonará y nos acepta, no basados en lo que hacemos, sino por lo que hizo Jesús". ¿Cómo está este nuevo hermano en Cristo malentendiendo cómo debemos vivir, ahora que hemos sido salvos por Cristo? ¿Cuál es la verdadera comprensión de cómo ahora debemos vivir?

Conexión

Una de las primeras y más significativas cosas que un creyente puede y debe hacer en el inicio de su viaje en la historia de Dios es darse cuenta de que son ahora combatientes en la mayor lucha cósmica de todos los tiempos. Honestamente, hay truenos cuando aceptamos a Cristo (al menos, ¡No normalmente!) Todo puede parecer como que era antes. Pero la verdad es que, sin embargo, todo ha cambiado. ¡Hemos sido rescatados del reino de las tinieblas, perdonado de todos nuestra transgresión, adoptada en la familia de Dios, y alistado en la fuerza de combate de Dios para el Reino! Somos nuevas creaciones en Cristo; las cosas viejas pasaron y todas son hechas nuevas (2 Cor. 5:17).

Determine en este momento adoptar un espíritu de lucha, dependa del Espíritu Santo para fortaleza, ore al Señor por ayuda cada día a medida que camina con Cristo, y defiende su posición en las batallas de su mente, su corazón y su alma. Dios ha prometido darle la victoria (1 Cor. 15:57), porque mayor es el que está en vosotros que el que está en el mundo (1 Juan 4:4). Ahora pertenece al Señor, y usted no tiene que identificarse con con sus inseguridades de su vieja vida, mentiras y engaños. Es un/a nuevo/a hijo/a de Dios en Cristo, y debe deliberadamente empezar a actuar, hablar y pensar como esa nueva persona. Sea paciente con usted mismo; tomará tiempo y paciencia aprender las nuevas maneras de Dios, y convertirse en la nueva persona que él quiere que sea.

Pida ayuda a Dios para vivir en esta nueva identidad, este nuevo ser que Dios ha hecho, liberado de los deseos engañosos del pasado, renovado en el espíritu de su mente, y ahora liberado para vivir como una nueva persona con una naturaleza diferente , una nueva familia, y un nuevo Señor para dirigir y guiarle (Efesios 4:20-24). Él le ha alistado en su ejército, y equipado para su viaje por delante. ¡Así que, querido discípulo de Jesús, bienvenido a la familia, y bienvenido a la guerra!

Si usted no ha sido bautizado, hable con su líder de estudio bíblico, amigo cristiano, o el pastor acerca de su deseo y necesidad de ser bautizado. Esté abierto a seguir el proceso de la iglesia local para prepararse para ser bautizado, y siga adelante lo más pronto posible. Cristo mandó a todos los que creyeran que fueran bautizados, una señal de nuestra unión con él y una declaración pública de nuestra lealtad a Jesús y su Reino (Marcos 16:14-16; Mateo 28:18-20). No debe esperar; el bautismo es una señal externa de la gracia de Dios interna dada a usted a través de la obra terminada de Jesús en la cruz. ¡Obedézcale, y sea bautizado pronto!

Afirmación

Por la fe, he respondido al perdón de la gracia de Dios, haciéndome un hijo de Dios sin mancha, librado de la potestad de las tinieblas al reino del Hijo.

Oración

El Te Deum Laudamus (del latín: "Dios, te alabamos") es una oración que ha sido recitada por los cristianos desde el siglo IV. Se atribuye al obispo Nicetas de Dacia, c. 335-414, pero la leyenda atribuye a una proclamación expontánea de Ambrosio cuando bautizó a Agustín.

Tú eres Dios (Dios, te alabamos)

Tú eres Dios: te alabamos;
Tú eres el Señor; te reconocemos;
Tú eres el Padre eterno: Toda la creación te adora.
Todos los ángeles, todos los poderes del cielo,
    querubines y serafines, cantan sin cesar:
Santo, santo, santo es el Señor, Dios de poder y la fuerza,
    el cielo y la tierra están llenos de tu gloria.

La gloriosa compañía de los apóstoles te alabamos.
La noble comunidad de profetas te alabamos.
El ejército de mártires vestidos de blanco te alabamos.
En todo el mundo la santa iglesia te aclama;
    Padre, de majestad infinita, su Hijo único y verdadero,
    digno de toda adoración, y el Espíritu Santo, defensor y guía.

Tú, Cristo, eres el Rey de gloria, el Hijo eterno del Padre.
Cuando te hiciste hombre para hacernos libres no rehuiste del
    vientre virginal.
Superaste el aguijón de la muerte y abriste el reino de los cielos
    a todos los creyentes.
Estás sentado a la diestra de Dios en gloria.
Creemos que vendrás y serás nuestro juez.
Ven, pues, Señor y ayudar a tu pueblo,
    comprado con el precio de tu propia sangre,
    y llévanos con tus santos a la gloria eterna.

Grito del corazón de Dios

Padre Eterno, mi creador y Padre de mi Señor Jesucristo, muchas gracias por ser tan amable con nosotros al enviar a Jesús a salvarnos. Nosotros no merecemos tu amor o tu perdón, pero aún así, te importamos nosotros, le enviaste a mostrarnos el camino, y lo ofreciste en nuestro lugar como sacrificio por el pecado. Nos ha sellado con el Espíritu Santo, nos ha adoptado en su familia, y nos ha liberado del miedo a la muerte y el castigo eterno. Ahora, ¿qué debo ofrecerte a la luz de tal amor y misericordia? Te doy mi corazón, mi vida, mi dinero y tiempo, y todas mis relaciones. Aunque sé que así será, sin duda, me tome el tiempo para llegar a conocerte, quiero que sepas que estoy listo para una nueva vida, una nueva dirección y un nuevo viaje. Hazme parte de tu gran historia, oh Dios, y guíame por el Espíritu que me has dado. Te honraré en lo que hago, a medida que me ayudes. En el nombre de Jesús te ruego, amén.

Para más estudio

*En **www.tumi.org/sacredroots**, tenemos una sección dedicada a los recursos adicionales por escrito y video.*

Robert Webber. *¿Quién va a narrar al mundo?* Downers Grove, IL: InterVarsity Press, 2008.

Para la próxima sesión

En la siguiente sesión, explorará ***La entrada que obtenemos*** incluyendo los siguientes temas:
1. Al estar en Cristo recibimos y experimentamos todo lo que él es y hace.
2. Participamos a través de nuestra pertenencia a la familia de Dios, construida sobre los apóstoles y profetas.
3. Cada iglesia local sirve como un agente del Reino.

Memorización de la escritura

Romanos 10:9-10

Asignaciones

1. Si usted no ha sido bautizado, reúnase con su pastor y pida ser bautizado.
2. Ore diariamente por tres amigos que necesitan alistarse en el ejército del Señor y ser salvos. Busque a Dios para que le dé la oportunidad de compartir su fe con ellos.
3. Comience a escribir en un cuaderno o diario, enumerando ideas que recibe y preguntas que quiera hacer a un creyente maduro en su iglesia.

Lección 3

LA ENTRADA QUE OBTENEMOS
Vinculando nuestra vida con la vida de Dios en Cristo

> Así que ya no sois extranjeros ni advenedizos, sino conciudadanos de los santos, y miembros de la familia de Dios, edificados sobre el fundamento de los apóstoles y profetas, siendo la principal piedra del ángulo Jesucristo mismo, en quien todo el edificio, bien coordinado, va creciendo para ser un templo santo en el Señor; en quien vosotros también sois juntamente edificados para morada de Dios en el Espíritu.
>
> ~ Efesios 2:19-22

Objetivos

Al final de esta sesión, usted debería comprender sobre *La entrada que obtenemos* a través de:
- Creer que estamos unidos a Jesús por la fe (es decir, ahora estamos "en Cristo"), recibimos y experimentamos todo lo que él es, ofrece, y hace.
- Creer que a través de la obra del Espíritu, ahora poseemos la pertenencia a la familia de Dios, cuya piedra angular es Jesucristo, y cuyo fundamento fue puesto por los apóstoles y profetas.
- Creer que cada iglesia local es una embajada del Reino de Dios, que representa los intereses y las intenciones del mismo cielo, con creyentes que sirven como embajadores y agentes de ese Reino.

Oración de apertura por sabiduría

Eterno Dios, mi Padre, dices en tu Palabra que eres la fuente de todo conocimiento y sabiduría. Reconozco esto como la verdad, querido Padre, y pido que impartas en mí la sabiduría divina, para que pueda ser capaz de usar bien la Palabra de verdad (2 Timoteo 2:15). Por favor, instrúyeme y enséñame el camino que debo seguir (Salmo 32:8), y dirige mis pasos. Inclina mi oído para escuchar tu voz, y corrígeme ahora en mi forma de pensar y hablar, y guíame cuando he ido por mal camino.

Padre, concédeme el don de discernimiento, y permíteme mientras estudio conocer la diferencia entre las enseñanzas piadosas e impías, espíritus y dones. Muéstrame por el Espíritu Santo lo que su voluntad es, y me dé una idea de cómo puedo llevar a cabo sus intenciones con todo mi corazón.

Querido Señor, por favor ayúdame a ser pronto para oír y oír, tardo para hablar, tardo para la ira (Santiago 1:19). Que las palabras de mi boca y los pensamientos de mi corazón sean aceptables a tus ojos. Permíteme hablar su verdad con sabiduría, a fin de que todos aquellos con los que hablo puedan entender y ser beneficiados por tu verdad.

Enséñame ahora en este estudio al recibir tu Palabra e instrucción. Pido estas cosas en el fuerte nombre de Jesús, mi Señor y Salvador, amén.

Contacto

1. **"¿Por qué hay tanta diferencia entre lo que mi condición es y lo que la Biblia dice que mi posición es ante Dios?"** Muchos nuevos cristianos experimentan una gran brecha entre lo que las Escrituras declaran respecto a su estado ante Dios (por ejemplo, como perdonado, como reconciliado, como hijos adoptivos, como escogidos de Dios), y el curso de las cosas en su vida día a día (episodios de duda, preocupación, frustración, la auto-condenación y el miedo). Casi parece como si las dos visiones de la vida cristiana (lo que dice la Biblia versus lo que siento día a día) son incompatibles y se contradicen entre sí. Al vivir nuestra vida cristiana día a día, ¿cómo debemos entender esta tensión entre lo que las Escrituras dicen acerca de quiénes somos en Cristo frente a cómo nos sentimos acerca de nosotros mismos?

2. **"¿Cuándo voy a empezar a actuar como la persona que la Biblia dice que soy?"** Una gran parte de ser un discípulo eficaz de Cristo es resolver el conflicto interno entre *los que solíamos ser antes de conocer a Cristo* y *lo que somos ahora que hemos creído*. A menudo, los que solíamos ser parece ser una visión más fuerte, más realista y más auténtica de nosotros mismos de lo que la Biblia o de nuestros maestros y pastores dicen de nosotros. ¿Cómo puede un cristiano nuevo identificarse con los textos y las declaraciones de la Biblia, incluso cuando parece que lo que solíamos ser es nuestro yo más "natural", el "yo" con que nos sentimos más cómodos, y parece ser más verdadero sobre nosotros?

3. **"Simplemente me quedaré en casa y caminaré con el Señor por mi mismo".** En una ocasión, un nuevo creyente adulto que había salido recientemente de la cultura de la droga aceptó a Cristo, y comenzó su camino de vivir una nueva vida en Cristo. El problema, sin embargo, es que se sentía incómodo drásticamente en presencia de otros cristianos, en gran parte debido a la forma de vida que había vivido tanto tiempo en las calles – dañar su cuerpo, su familia y sus relaciones con los demás. Frustrado y exhausto, un día exclamó, "¡Se acabó! No creo que pueda vivir mi vida cristiana con la gente en la iglesia. Son buena gente y todo, pero simplemente no puedo llegar hasta ahí desde donde vengo en este momento. Creo que quiero seguir caminando con Cristo, pero

me quedaré en casa, y caminaré con el Señor por mi mismo". ¿Qué le diría a él acerca de su decisión si es buena?, y si no, ¿por qué no?

Contenido

En la última sesión (***El alistamiento que hacemos***) aprendimos que cuando nos volvemos de los ídolos a Dios y el pecado (arrepentimiento) y creemos en Jesús de Nazaret como el Señor resucitado (fe), hicimos simultáneamente una decisión de alistarse en el ejército del Señor, dando la espalda al reino de Satanás al Reino del propio Hijo de Dios.

Ahora vamos a explorar las riquezas que tenemos, ya que, por la fe, hemos sido unidos a Cristo, y se dice que estamos en Cristo. Nuestra unión con Jesús por la fe nos da un nuevo estado y relación ante Dios (nuestra posición), una posición de favor, de adopción y la bendición como su hijo y ciudadano de su Reino. Además de esto, estar "en Cristo" también nos permite andar de día a día en victoria al pelear la buena batalla de la fe – y recibir el poder de caminar en el Espíritu Santo (nuestra condición)!

Según el Nuevo Testamento, todo el que cree en Jesús se ha bautizado (unido a) en Cristo por la acción del Espíritu Santo (cf. 1 Corintios 12:13 Porque en un solo Espíritu fuimos todos bautizados en un cuerpo – judíos o griegos, esclavos o libres – y todos hemos bebido de un solo Espíritu) Cuando el Espíritu bautiza (nos coloca) en Cristo, no sólo nos rescató de la ira de Dios y nos dio una eternidad llena de gozo en su presencia, pero también recibimos un nuevo estado y relación con Dios, dado específicamente para nosotros porque ahora hemos sido hechos uno con Cristo (vea *33 Bendiciones en Cristo* en el apéndice).

En verdad, hemos sido bendecidos con muchas bendiciones porque confiamos en Cristo para nuestra salvación. Nuestros pecados han sido perdonados (Ef. 1:7; Col. 1:13), hemos sido reconciliados con Dios, restaurado a la comunión con él (2 Cor. 6:18-19.), y se nos ha adoptado como un nuevo hijo en la propia casa del Padre (Rom. 8:14-15, 23). Una de las muchas ventajas maravillosas que tenemos en Cristo es nuestra nueva membresía y lugar en la Iglesia, el Cuerpo de Cristo. Por la fe, nos hemos unido a todos los creyentes en todas partes, conectados con Dios y entre sí, y dado el privilegio de confiar, crecer y servir al Reino juntos como un solo pueblo.

Gracias a Dios, nunca necesitamos pelear la buena batalla como personas aisladas, en nuestras propias fuerzas, por nosotros mismos. Todos los creyentes, de los que primero creyeron hasta ahora, constituyen el único, increíble, Cuerpo de Cristo. Si bien hay muchas asambleas e iglesias locales (iglesia con "i" minúscula), en realidad hay una sola Iglesia que comenzó con Jesús y los apóstoles, y se ha apartado para los propósitos de Dios (iglesia con "I" mayúscula). El Credo de Nicea declara que esta iglesia es

*católica – Católica no significa la Iglesia Católica Romana, sino significa "universal", refiriéndose a todos los cristianos a través del tiempo, de toda raza, lengua, pueblo y nación. En los credos de los apóstoles y el niceno, el término católico se refiere a la universalidad de la iglesia, a través de todas las edades y tiempos, de todas las lenguas y los pueblos a que se refiere a ninguna tradición en particular o expresión denominacional (por ejemplo, como en la católica romana).

una, santa, apostólica y *católica** (universal), y se compone de muchas iglesias locales en todo el mundo, todo a lo largo de la historia.

En verdad, entonces, escuchemos la buena palabra del apóstol Pablo a los filipenses y la aplicamos a nuestro propio caminar en Cristo:

> Mas nuestra ciudadanía está en los cielos, de donde también esperamos al Salvador, al Señor Jesucristo; el cual transformará el cuerpo de la humillación nuestra, para que sea semejante al cuerpo de la gloria suya, por el poder con el cual puede también sujetar a sí mismo todas las cosas.
> ~ Filipenses 3:20-21

De hecho, cada creyente es un ciudadano celestial, y cada iglesia local es una embajada del Reino de Dios, donde nos reunimos para la enseñanza, la adoración, la formación espiritual, y para el servicio a Cristo con otros creyentes. En los primeros años de la Iglesia, el Espíritu Santo llevó al pueblo del Cristo a diseñar con precisión lo que creemos, cómo hemos de adorar, y lo que las Escrituras serían. Estas creencias centrales apuntalan la fe de todos los creyentes, en todas partes, y se llama la Gran Tradición. Esto representa la enseñanza y práctica que los apóstoles enseñaron, escrita en la Biblia, que se resumen en los grandes credos y concilios de la Iglesia, y defendidos por los creyentes a lo largo de la historia (ver *Avanzando al mirar hacia atrás* y *El Credo de Nicea* en el apéndice).

> Cada vez que la Iglesia se reúne. . . proclama también el fin del mundo y el fracaso del mundo. Contradice la afirmación del mundo al proporcionar a los hombres con una justificación válida para su existencia, que renuncia al mundo; afirma, ya que se compone de los bautizados, que sólo en el otro lado de la muerte a este mundo que la vida puede asumir su significado. . . El culto cristiano es la negación más fuerte que puede ser arrojado en la cara de la afirmación del mundo pretenden proporcionar a los hombres con una justificación efectiva y suficiente de sus vidas. No hay más enfática protesta contra el orgullo y la desesperación del mundo que la implicada en la adoración de la iglesia.
> ~ Jean-Jacques von Allmen. *Adoración: Su teología y práctica*. London: Lutterworth, 1966, p. 63.

La entrada que obtenemos
Lección 3 Estudio bíblico

Lea los siguientes pasajes y conteste brevemente las preguntas asociadas a cada enseñanza bíblica.

1. *Por medio de la resurrección de Jesús, Dios nos ha concedido una esperanza viva, y la promesa de la vida eterna.* Lea 1 Pedro 1:3-12.

    a. Enumere al menos tres bendiciones que tiene en Cristo.

        i.

        ii.

        iii.

    b. ¿Cuáles son los resultados cuando sufrimos dolor en las pruebas (vrs. 6-7)?

    c. A pesar de que no vemos al Señor físicamente presente entre nosotros ahora, ¿cómo podemos todavía entender nuestra salvación en él (vrs. 8-12)?

2. *Jesús es la piedra viva, y nosotros que creemos somos el pueblo escogido de Dios.* Lea 1 Pedro 2:4-10.

    a. Puesto que somos un sacerdocio santo en Cristo, ¿qué trabajo nos ha dado Dios por hacer (vrs. 4-5)?

    b. Enumere cuatro cosas que son verdad de nosotros, el pueblo de Dios.

        i.

        ii.

        iii.

        iv.

3. *A través de nuestra confianza en Cristo y nuestro bautismo en él, nos hemos unido con Jesús – en su muerte, sepultura, resurrección – ahora, en su nueva vida.*

    a. Lea Romanos 6:3-10. Enumera tres cosas que nos pasó cuando fuimos bautizados en Cristo.

        i.

        ii.

        iii.

    b. Como morimos con Cristo, y del mismo modo resucitamos con él de entre los muertos (por fe), ¿Qué poder tiene el pecado ahora sobre nosotros (vrs. 9-10)?

    c. ¿Cómo vamos a contar nosotros mismos en relación al pecado y su poder sobre nosotros hoy (vrs. 11-13)?

4. *Jesús es el centro de la vida cristiana, a quién debemos seguir en todas las cosas.* Lea Colosenses 2:1-10.

    a. ¿Por qué Pablo describe a Cristo como "el misterio de Dios", aquel en quien se encuentran todos los tesoros de la sabiduría y conocimiento (vrs. 3-4)?

    b. ¿Cómo desafía Pablo a los colosenses a responder a Cristo, ahora que lo han recibido como su Salvador y Señor (vrs. 6-7)?

    c. ¿Contra qué deben los creyentes siempre estar en guardia (v. 8)?

    d. ¿Cómo describe el v. 10. la naturaleza de Jesús, tanto como Dios y hombre?

5. *El creyente ha sido bendecido con abundantes favores y bendiciones en Cristo.* Lea Efesios 1:3-14.

a. Haga una lista de al menos cinco bendiciones que ha recibido como resultado de estar "en Cristo".

   i.

   ii.

   iii.

   iv.

   v.

b. ¿Qué hace el Espíritu Santo en nosotros después de creer en Cristo (vrs. 13-14)? ¿Cómo se relaciona con las bendiciones el don del Espíritu que han de venir con nosotros?

6. *Nosotros, los que una vez estábamos muy lejos de Dios, hemos sido acercados a él por medio de Cristo.* Lea Efesios 2:13-22.

   a. ¿Qué hace la paz Cristo entre los creyentes que son de un origen racial, étnico y cultural diferente (vrs. 13-18)?

   b. Lea Efesios 2:18-22. Y coincida el grupo de la izquierda con la verdad a la derecha acerca de ellos.

      i. Conciudadanos con los santos   ___Construyendo una morada para Dios

      ii. Los apóstoles y profetas   ___La fundación se construye sobre ellos

      iii. Jesús   ___No más extranjeros ni advenedizos

      iv. El Espíritu   ___La principal piedra del ángulo

7. *Dios ha elegido para revelar las glorias de su gracia, mediante su pueblo, a la Iglesia.* Lea Efesios 3:8-11. Rellene los espacios en blanco: Dios, que creó todas las cosas, para que la _____ sea ahora dada _____ por medio de la _____ en los lugares celestiales.

8. *En las edades y tiempos pasados, Dios no reveló a la humanidad su gran misterio que ahora está siendo revelado a todas las personas a través del testimonio de los apóstoles acerca de Cristo y ¡aun los creyentes no judíos!*

   a. Lea Colosenses 1:24-29. Elija la mejor respuesta. ¿Cuál es el misterio que Pablo dijo que se mantuvo oculto durante siglos, pero ahora ha sido revelado a nosotros?

      i. El día y la hora del regreso Jesús

      ii. Cristo en nosotros, la esperanza de gloria

      iii. El tipo de muerte que Pablo experimentaría

   b. ¿Por qué cree que la noticia de que Cristo entre los gentiles (no judíos) es visto como una gran revelación entre los creyentes del tiempo de Pablo?

Resumen

Los apóstoles en el Nuevo Testamento dan testimonio de que todo creyente en Cristo se ha unido a él y su obra, por el poder de bautizar del Espíritu Santo. El Espíritu Santo nos ha colocado en Cristo, nos une con su muerte, sepultura, resurrección y vida nueva. En Jesús, no somos más objetos de la ira de Dios, y no tienen miedo de ser castigados por las muchas transgresiones (romper los mandamientos de Dios) que hemos cometido. Dios nos ha dado en Jesús un estado totalmente nuevo y la relación con él mismo, y nos ha bendecido con beneficios y bendiciones numerosas, maravillosas y llenas de gracia en Cristo.

De los muchos dones maravillosos que hemos recibido, uno de las más significativos es nuestra nueva membresía y lugar en la Iglesia, el Cuerpo de Cristo. Dios nos ha unido en Cristo, y por lo tanto, ahora, a todos los demás creyentes, y concedió a ambos el privilegio y la responsabilidad de vivir y crecer juntos como familia de Dios (1 Juan 3:1-3), como cuerpo de Cristo (Rom. 12:4- 8), y como un templo del Espíritu Santo (1 Cor. 3:16-17). Nosotros nunca fuimos diseñados para vivir nuestra vida cristiana de manera aislada, al igual que el cuerpo humano que no puede funcionar eficazmente con sólo los pies o las manos solamente. No, todos los miembros son importantes para que el cuerpo pueda crecer y madurar, y cumplir con el trabajo que estaba destinado a lograr.

Como tal todo creyente debe verse a sí mismo/a sí misma como un/a ciudadano/a celestial, quien se une a Cristo y a la esperanza viva de su regreso a la tierra. En este orden de ideas, cada iglesia local se puede entender como una embajada del Reino de Dios, un puesto de avanzada del reino celestial, donde los creyentes se reúnen para crecer, adorar y servir al Señor con otros cristianos en crecimiento. Desde el principio, el Espíritu Santo ha llevado al pueblo de Cristo a identificar, confesar y defender las enseñanzas y prácticas fundamentales de los apóstoles, tal como se establece en la Biblia y se ha enseñado a través de los años por la Iglesia. Esta gran tradición, esta teología central y práctica de la Iglesia, se cree, se predica y se celebra en las iglesias locales en todo el mundo, donde Cristo es reconocido tanto como Señor y Cristo.

La entrada que conseguimos, inmediatamente después de que creemos, es miembro de la Iglesia, una membresía que sólo puede concretarse en una iglesia local con el Pastor y personas reales, donde podemos crecer, adorar, y servir a Cristo juntos.

Apéndices

Los apéndices que usted debe estudiar y meditar por su relevancia para esta lección son los siguientes:

Treinta y tres bendiciones en Cristo (Ap. 14)
En Cristo (Ap. 8)
Jesús de Nazaret: La presencia del futuro (Ap. 4)
Avanzando al mirar atrás: Hacia una recuperación evangélica de la Gran Tradición (Ap. 16)
El Credo Niceno (Ap. 24 y 25)
El Credo de los Apóstoles (Ap. 26)

Principio clave

En Cristo hemos recibido toda bendición espiritual (Efesios 1:3).

Estudios de casos

Lea y reflexione sobre los siguientes casos y conceptos, y responda y de sus puntos de vista para su resolución, basados en los textos que estudió anteriormente.

1. **"No necesito ser bautizada, ¿verdad? Yo ya lo hice una vez".** Una hermana que recientemente aceptó a Cristo estaba discutiendo con su

pastor si ella necesitaba ser bautizada, puesto que ya había sido bautizada cuando era una niña. Por supuesto, cuando fue bautizada hace tantos años, ella no comprendía ni se comprometió a Cristo – tenía sólo 12 años, no tenía idea de lo que el bautismo era, y ahora estaba bastante segura de que ella no había creído en Cristo cuando ella lo hizo. ¿Qué le aconsejaría a ese nueva creyente adulto – si ella debería tratar de bautizarse de nuevo, pero esta vez, para hacerlo con el pleno conocimiento de lo que significa, y con un claro sentido de su propia fe y compromiso a Jesucristo como Señor y Salvador?

2. **Mi amigo dice que debo "nombrar y reclamar" para recibir las bendiciones de Dios. ¿Cómo juega eso con lo que dice la Biblia?"** Un nuevo creyente está asistiendo a una iglesia en la que se anima a los cristianos a "nombrar y reclamar" las bendiciones de Dios para la vida, para las necesidades físicas, para la curación de la enfermedad, y por el favor de Dios, en medio de la angustia. Gran parte de la atención se centra en las bendiciones físicas (dinero, salud y posesiones), y poca atención se hace de nuestras bendiciones espirituales "en Cristo". ¿Cómo debemos entender la relación entre la declaración de Dios que hemos recibido todas las bendiciones espirituales en Cristo (por ejemplo, Ef. 1:3), y el amplio énfasis en muchas iglesias en reclamar las bendiciones y favor de Dios en las cosas físicas de la vida (es decir, asuntos de salud y riqueza). ¿Cómo entendemos correctamente el énfasis entre estos dos dominios de la bendición y cuidado de Dios?

3. **Yo no puedo obtener lo que necesito de una iglesia local solamente. Obtengo lo que necesito de diferentes iglesias alrededor de la ciudad. Si es adoración de la iglesia A, si es la enseñanza de la iglesia B, y el compañerismo de la iglesia C. ¿Eso está bien?** Igle-compras es una ocurrencia común entre muchos seguidores de Cristo hoy. Convencidos de que simplemente no pueden conseguir todo lo que necesitan para crecer y prosperar en una sola iglesia local, muchos cristianos han tomado sobre sí mismos el concepto de igle-compras, pues asisten a diferentes iglesias en diferentes momentos para acceder a diferentes oportunidades de enseñanza, programas, o adoración. En un mundo donde todo el mundo está acostumbrado a "obtener lo que necesito" de diferentes fuentes, los creyentes han aplicado la misma lógica al asistir a la iglesia. Esto por lo general se basa en la idea de que ninguna iglesia podría satisfacer todas las necesidades de la familia cristiana o el cristiano promedio. Los que siguen esto argumentan que consiguen la mejor experiencia posible al adorar con una congregación, escuchan el sermón en otra congregación, y tienen compañerismo en grupos pequeños con otro. Si una iglesia local sana es una embajada del Reino, ¿por qué puede no ser la mejor manera de participar en igle-compra nuestro manera hacia la madurez cristiana?

Conexión

Pase tiempo esta semana revisando los textos que hablan de las bendiciones y beneficios que tiene ahora como un creyente bautizado en Cristo. ¡Usted no puede ni reflexionar ni reclamar estas bendiciones, si usted no tiene conocimiento de lo que son, y lo que significa para su vida cristiana! Estudie los versos en el apéndice *33 bendiciones en Cristo* y familiarízece con estas verdades. Cuanto más entienda lo que Dios le ha dado, usted será capaz de hacerlas una parte de su propia charla interna, y parte de su lenguaje de oración al darle las gracias y hacer peticiones al Señor.

Si aún no se ha unido a una iglesia local (me refiero, a la embajada del Reino de Dios!), entonces, pida al Señor que le guíe en los próximos días y semanas por venir al lugar (¡no lugares!) adonde él quisiera que asistiera. ¡Tiene que estar bajo la autoridad de un buen pastor, en compañerismo con otros cristianos comprometidos, y encontrar vías donde puede utilizar sus dones para servir y edificar a otros. La clave es hacer un compromiso de asistir no sólo a una asamblea, sino investigar lo que significa ser miembro, una parte viva del cuerpo donde se reúnen con los demás. No debe desanimarse si se siente incómodo o se siente solo al principio; persevere en su participación, y confíe en el Señor para que abra las puertas de la amistad y el servicio a medida que avanza. Dios le guiará a usted, y si tiene paciencia, eso dará mucho fruto (Gál. 6:7-9).

Afirmación

Porque estoy bautizado en Cristo, comparto todas las bendiciones, gloria, esperanzas y sufrimientos de Cristo con todos los cristianos en todas partes y en todo momento.

Oración

Billy Sunday, quien fue un jugador de béisbol de la liga nacional popular en la década de 1880 se convirtió en un célebre e influyente evangelista en las dos primeras décadas del siglo XX. La predicación del domingo atrajo grandes multitudes a sus campañas en algunas de las ciudades más grandes de los Estados Unidos. En uno de sus famosos sermones exalta la toda suficiencia de Cristo Jesús, Billy Sunday rindió homenaje al Salvador con estas palabras.*

* Algunas fuentes dicen que es "autor desconocido" otras fuentes en la red dicen se lo atribuyen a San Patricio pero unos cuantos dicen Billy Sunday.

Cristo mi todo

Cristo por enfermedad, Cristo para la salud,
Cristo para la pobreza, Cristo para la riqueza,
Cristo para la alegría, Cristo para la tristeza,
Cristo hoy, Cristo mañana;

Cristo mi vida y Cristo mi Luz,
Cristo por la mañana, tarde y noche;
Cristo, cuando todo da paso,
Cristo mi estadía eterna;

Cristo mi descanso, Cristo mi alimento,
Cristo por encima de mi sumo bien;
Cristo mi Bien Amado, mi amigo,
Cristo mi placer, sin fin;

Cristo mi Salvador, Cristo mi Señor,
Cristo mi porción, Cristo mi Dios;
Cristo mi pastor, yo su oveja,
Cristo mismo mi alma; guarde;

Cristo mi guía, Cristo mi paz,
Cristo ha traído la liberación de mi alma;
Cristo mi justicia divina,
Cristo para mí, porque él es mío;

Cristo mi sabiduría, Cristo mi carne,
Cristo restaura mis errantes pies;
Cristo mi abogado y sacerdote,
Cristo que nunca olvida al más mínimo;

Cristo mi Maestro, Cristo mi guía,
Cristo, mi roca, en Cristo me escondo;
Cristo, el pan eterno,
Cristo su preciosa sangre ha derramado;

Cristo nos hizo acercar a Dios,
Cristo la Palabra eterna;
Cristo mi Señor, Cristo mi cabeza,
Cristo, que por mis pecados se hizo sangrar;

Cristo mi gloria, Cristo mi corona,
Cristo la planta de gran renombre;
Cristo mi consolador en lo alto,
Cristo mi esperanza dibuja siempre cerca.

~ H.W.S. *Libro de citas para los oradores:*
Más de 4.500 ilustraciones y citas para todas ocasiones.
Roy B. Zuck, Grand Rapids, MI: Kregel Publications, 1997, p. 57.

Grito del corazón de Dios

Dios Eterno, Dios y Padre de mi Señor Jesucristo, gracias por hacerme uno con tu Hijo. Muchas gracias, Señor, por los muchos regalos maravillosos y bendiciones que he recibido a través de Cristo, y gracias sobre todo por la gran bendición de hacerme un miembro de tu pueblo, de tu Iglesia, y del Cuerpo de Cristo. Por la fe, que me has hecho uno con todos los demás creyentes, y concedido el honor y el deber de vivir, crecer y servir juntos en una iglesia local, una asamblea viviente revelada como su familia, como el cuerpo de Jesús, y como el templo del Espíritu Santo. Para saber lo que es amar a tu pueblo, porque tú eres amor.

Sé que no tenía la intención de que yo viva mi vida cristiana como un inconformista, tratar de pelear la buena batalla por mí mismo, solo y en aislamiento. Llévame a la iglesia local en la que deseas que yo crezca, bajo un pastor que pueda vigilar mi alma, y con cristianos que pueda amar – compañeros guerreros con los que pueda usar mis dones para edificar al testificar de tu amor a nuestros vecinos. Gracias por tu iglesia. Hazme un miembro fructífero y amable de tu gente, y ayúdame a crecer en comunión entre ellos, en el nombre de Cristo, amén.

Para más estudio

*En **www.tumi.org/sacredroots**, tenemos una sección dedicada a los recursos adicionales por escrito y video.*

John Eldridge. *Epopeya: La historia que Dios le está contando*. Thomas Nelson, Inc., Nashville, TN: 2004.

Para la próxima sesión

En la siguiente sesión, explorará **El legado que recibimos** a incluir estos temas:
1. El Espíritu Santo dota a cada creyente con dones para servicio del cuerpo.
2. Se nos ha dado la libertad en Cristo para ejercer nuestros dones.
3. Recibimos poder para crecer juntos en la madurez y la unidad.

Memorización de la escritura

Efesios 1:3

Asignaciones

1. Escriba un poema o una carta al Señor, dándole las gracias por todo lo que ha hecho.
2. Lea el Credo de Nicea en el apéndice. En su diario, resuma las verdades fundamentales del Credo de Nicea acerca del ejército en que ha sido alistado.
3. Reúnase con un creyente maduro en la iglesia y pregúntele cómo la iglesia le/la ha ayudado a vivir la vida cristiana que habría sido imposible hacerlo solo/a.

Lección 4
El legado que recibimos
El papel del Espíritu Santo en la buena batalla de la fe

> Y él mismo constituyó a unos, apóstoles; a otros, profetas; a otros, *evangelistas**; a otros, *pastores** y maestros, a fin de perfeccionar a los santos para la obra del ministerio, para la edificación del cuerpo de Cristo, hasta que todos lleguemos a la unidad de la fe y del conocimiento del Hijo de Dios, a un varón perfecto, a la medida de la estatura de la plenitud de Cristo; para que ya no seamos niños fluctuantes, llevados por doquiera de todo viento de doctrina, por estratagema de hombres que para engañar emplean con astucia las artimañas del error, sino que siguiendo la verdad en amor, crezcamos en todo en aquel que es la cabeza, esto es, Cristo.
>
> ~ Efesios 4:11-15

Objetivos

Al final de esta sesión, usted deberá comprender *El legado que recibimos* al creer que:
- El Espíritu Santo mora en cada creyente, y dota a cada creyente con dones al servicio del cuerpo.
- Se nos ha dado la libertad en Cristo para ejercer nuestros dones, como el Espíritu Santo nos ofrece oportunidades para servir.
- A través de la dirección del Espíritu, dones, y fortaleza, contamos con el poder suficiente para vivir en fuerte comunión con otros creyentes en la iglesia, que crecen juntos en la madurez y la unidad.

Oración de apertura por sabiduría

Eterno Dios, mi Padre, dices en tu Palabra que eres la fuente de todo conocimiento y sabiduría. Reconozco esto como la verdad, querido Padre, y pido que impartas en mí la sabiduría divina, para que pueda ser capaz

---

*Evangelistas se refiere a aquellos obreros dotados por el Espíritu para comunicar eficazmente las buenas nuevas del Evangelio a los perdidos. Mientras que a todos los creyentes se nos manda compartir el Evangelio, algunos son más dotados en esta área y útiles para edificar el cuerpo de Cristo.

*Los pastores son "pastores" asignados a cuidar el rebaño, es decir, la iglesia local. Los pastores deben proteger el rebaño a través de su enseñanza bíblica, consejo santo y estimulación, advertir de los peligros a las ovejas y dirigir el rebaño para llevar a cabo la obra de Dios en sus comunidades.

de usar bien la Palabra de verdad (2 Timoteo 2:15). Por favor, instrúyeme y enséñame el camino que debo seguir (Salmo 32:8), y dirige mis pasos. Inclina mi oído para escuchar tu voz, y corrígeme ahora en mi forma de pensar y hablar, y guíame cuando he ido por mal camino.

Padre, concédeme el don de discernimiento, y permíteme mientras estudio conocer la diferencia entre las enseñanzas piadosas e impías, espíritus y dones. Muéstrame por el Espíritu Santo lo que su voluntad es, y me dé una idea de cómo puedo llevar a cabo sus intenciones con todo mi corazón.

Querido Señor, por favor ayúdame a ser pronto para oír y oír, tardo para hablar, tardo para la ira (Santiago 1:19). Que las palabras de mi boca y los pensamientos de mi corazón sean aceptables a tus ojos. Permíteme hablar su verdad con sabiduría, a fin de que todos aquellos con los que hablo puedan entender y ser beneficiados por tu verdad.

Enséñame ahora en este estudio al recibir tu Palabra e instrucción. Pido estas cosas en el fuerte nombre de Jesús, mi Señor y Salvador, amén.

Contacto

1. **"¿Se han ido todos los apóstoles y otros líderes clave ahora?"** En un estudio bíblico en el libro de Efesios, un nuevo cristiano leyó Efesios 4:11-15 e hizo la pregunta, "Yo pensé que los apóstoles, profetas, y gente como esa no deben existir ahora en la iglesia. ¿Qué significa este texto? ¿tenemos personas que funcionan como apóstoles y profetas el día de hoy, y, si es así, ¿dónde están? Si entiendo lo que dice Pablo, Dios nos dio esta gente para que pudieran ayudarnos a aprender cómo ministrar a otras personas. ¡Eso es realmente genial!" ¿Qué piensa que el texto significa para nosotros hoy y continúa Dios proveyendo líderes dotados a la Iglesia para que los cristianos puedan ser ministros eficaces en el mundo?

2. **"Ni siquiera conozco a mi pastor".** En una reunión de oración de hombres, surgió el tema de la necesidad de que estemos bajo una autoridad y formación pastoral. Un compañero dijo que, "¡Sí!, Dios nos ha provisto de pastores con el fin de que pudieran proteger y protegernos de los peligros de la falsedad y espirituales. Los pastores de Dios, se les ha sido dada la autoridad del Señor para que ayude a las ovejas de Cristo, para que puedan ser bien alimentadas, fuertes y listas para hacer ministerio". Un nuevo cristiano en la iglesia dijo, "Oigo lo que estás diciendo, pero, sinceramente, yo no puedo captar en mi mente esto. He hablado con el pastor una vez, (y fue hace mucho tiempo, cuando vine por primera vez a la iglesia), y creo que realmente no lo conozco en lo absoluto. Honestamente, no conozco a mi pastor. ¿Cómo puede él pastorearme si no lo conozco?" ¿Qué consejo le daría a este

nuevo creyente – qué cree que Dios quiere que haga él sobre su falta de relación con su pastor?

3. **"¿Cómo sabe realmente cuando tiene el Espíritu Santo?"** Soy un cristiano joven que estaba preocupado por una conversación que tuve en el autobús con una persona que dijo que era una pentecostal cristiana. Esta persona le dijo que necesitaba obtener el Espíritu Santo, que se muestra por su bautismo en el Espíritu Santo, seguido por el *hablar en lenguas**. La joven hermana en respuesta dijo, "Aprendí la semana pasada en el estudio bíblico que cada persona que se arrepiente y cree en Jesús está sellada con el Espíritu Santo, y que vive dentro de ellos inmediatamente cuando creen. También aprendimos que él nos da dones para ayudar a servir a otros cristianos en el cuerpo de Cristo, y que las lenguas son un don del Espíritu – pero cada cristiano tiene que tener todos los dones? ¿Cómo funciona eso?" La hermana está ahora interesada en saber más acerca del Espíritu Santo – ¿cómo tendría que proceder para aprender?

Contenido

En la última sesión (***La entrada que obtenemos***) aprendimos que cuando creímos en Jesús, fuimos bautizados en Cristo, y heredamos una serie de bendiciones en Cristo. Ahora vamos a explorar algo de lo que dice la Biblia acerca del Espíritu Santo, su obra y la bendición en la vida de los creyentes, y ver cómo ofrece dones y habilidades que nos ayudan a crecer y ser fuertes mientras caminamos con el Señor en su Historia, peleando la buena batalla de la fe.

El Espíritu Santo es la promesa (de pago) de la futura herencia que nosotros como cristianos recibiremos cuando el Señor Jesucristo regrese para establecer su Reino. El Espíritu da a cada creyente un don espiritual para edificar (construir) a los demás miembros del cuerpo de Cristo en la iglesia local. El Espíritu Santo viene a morar en cada creyente; nadie se queda fuera porque el cuerpo requiere de la participación, la contribución y el envolvimiento de

....

***Hablar en lenguas** – Cuando la Iglesia nació por la venida del Espíritu Santo (Hechos 2), los creyentes recibieron dones de él, incluyendo la capacidad de hablar en lenguas que normalmente no sabían hablar. Este don se menciona en el Nuevo Testamento como disponible para los creyentes para edificación (1 Cor. 12:1 al 31), mientras que en otros casos se les dio a los nuevos creyentes esta misma capacidad de hablar en lenguas que no habían aprendido, al recibir a Cristo por la fe (por ejemplo Hch. 10:44-46). En algunas iglesias de hoy, se cree que cada cristiano debe seguir este patrón de hablar en un idioma que nunca ha aprendido, mientras que otras iglesias creen que esto es un don del Espíritu Santo, concedido a algunos y no a otros. Otras iglesias creen que el hablar en lenguas era sólo para la iglesia primitiva y que este don no es dado a los creyentes de hoy.

todos los miembros del cuerpo. A través de su gracia, Dios también nos ofrece el perdón y la libertad del pecado, la culpa y la condenación para que podamos servir a los demás en el nombre de Cristo con valentía y audacia. Él nos permite crecer al reflexionar sobre la Palabra de Dios (teología), exaltar su nombre en la Palabra y a través de la Cena del Señor (adoración), ser formados espiritualmente mientras caminamos juntos en las disciplinas espirituales (discipulado), y compartimos la Buena Nueva de la palabra y obra (testimonio).

A medida que continuamos creciendo en nuestra capacidad para adorar a Dios y pelear esta lucha, nos convertimos en maduros en nuestra fe para que podamos equipar a otros creyentes. Entre más creyentes crezcan en madurez, mayor unidad hay en la iglesia, lo cual es agradable a Cristo.

> El Espíritu Santo es el representante de Dios. Él refleja la verdad de Dios. Esto significa que si usted siente que el Espíritu conduce sus pensamientos o guía sus acciones, su orientación siempre se alinea con la verdad de la Palabra de Dios. El Espíritu nunca nos conduce de manera que se oponga a la Escritura. Él no podrá; Él no puede. Él representa y levanta a la persona de Jesús. Él da la iluminación al carácter y caminos de Dios.
>
> Así que cuando usted cree que el Espíritu está guiando su vida, utilice esta prueba: ¿Hace juego con la verdad de la Biblia? Si no, envíelo al embalaje a la isla de pensamientos inadaptados. Todos somos capaces de imaginación y pensamientos errantes. Recuerde las palabras de Pablo de mantener esos pensamientos cautivos y ver si obedecen la verdad de Cristo. Si ellos no están de acuerdo con la Escritura, no son del Espíritu y no deben pertenecer al armario de su pensamiento.
>
> ~ Jennifer Rothschild.
> *Auto conversación, alma conversadora: Qué decir cuando habla consigo mismo.*
> Eugene, OR: Harvest House Publishers, 2001, pp. 54-55.

El legado que recibimos
Lección 4 Estudio bíblico

Lea los siguientes pasajes y conteste brevemente las preguntas asociadas a cada enseñanza bíblica.

1. *Jesús oró por nosotros y por todos los que vendrían a creer en él como Señor y Salvador.* Lea Juan 17:20-26. Mencione tres cosas que Jesús pide al Padre en nuestro nombre.

a.

b.

c.

2. *El Espíritu Santo mora ahora (vive adentro) en cada cristiano que se ha arrepentido y creído en Jesucristo.* Lea Romanos 8:9-17 y responda las siguientes preguntas.

   a. ¿Puede alguien poseer la salvación en Cristo y no tener el Espíritu Santo (vrs. 9-10)?

   b. ¿Cómo resucitarán los creyentes de entre los muertos (v. 11)?

   c. ¿Cómo sabemos quienes son en realidad los hijos de Dios (vrs. 14-15)?

   d. ¿Cómo el Espíritu ayuda a saber que pertenecemos a Dios (vrs. 16-17)?

3. *Dios el Padre nos ha concedido dones espirituales de la gracia a través del Espíritu Santo para la edificación del cuerpo de Cristo.* Lea Romanos 12:3-8. Haga una lista de los dones del Espíritu Santo que se mencionan en este pasaje.

   a.

   b.

   c.

   d.

   e.

4. *Hay diversidad de dones, servicios y actividades provistos por el Espíritu Santo, pero Él proporciona a cada miembro dones únicos para ser utilizados para edificar a otros cristianos.* Lea 1 Corintios 12:4-11. Elija la mejor respuesta.

   a. Los dones espirituales se dan para que los creyentes puedan tener una buena autoestima.

b. Los dones espirituales son dados para el bien común.

c. Los creyentes pueden elegir qué dones tienen.

d. Algunas personas nunca reciben un don espiritual.

5. *Los creyentes han de ser buenos administradores de los maravillosos dones de la gracia de Dios, utilizándolos de tal manera que el mismo Señor sea glorificado por medio de Jesucristo.* Lea 1 Pedro 4:7-11. Busque la frase que coincida con la verdad correspondiente.

   a. Amor   ___Con la fortaleza que Dios provee

   b. Mostrar hospitalidad ___Cubre multitud de pecados

   c. Utilice su don   ___Como usar las palabras de Dios

   d. Hable   ___Sin quejas

   e. Servir   ___Servíos unos a otros, como administradores de la gracia de Dios

6. *El Espíritu Santo nos ha llamado a ser libres, tanto de culpa y condenación. Él nos otorga el poder para agradar a Dios, y no usar nuestra libertad como pretexto para hacer lo que queramos.* Lea Gálatas 5:13-16. Llene los espacios en blanco.

   a. Usted fue llamado a _____.

   b. No uséis la libertad como una oportunidad _____, sino a _____ entre sí.

7. *Tenemos una opción, ya sea que vivamos por aquellas cosas que el Espíritu Santo quiere que hagamos o, por las inclinaciones de nuestra naturaleza pecaminosa. De cualquier manera que elijamos, el resultado será evidente en nuestras vidas.* Lea Gálatas 5:16-24, y responda a las siguientes preguntas (con verdadero o falso).

   a. V o F. Si andamos en el Espíritu, entonces no vamos a satisfacer el deseo de nuestra vieja naturaleza.

   b. V o F. El Espíritu Santo está de acuerdo con nuestra vieja naturaleza de lo que es correcto.

c. V o F. Si bien las obras de nuestra vieja naturaleza están ocultos, el fruto del Espíritu es claramente visible.

8. *Cristo prometió enviar al Espíritu Santo para equipar a los creyentes para hacer su obra en el mundo.* Lea Juan 16:5-15. Enumere por lo menos tres cosas que Jesús dice que el Espíritu Santo hará por nosotros.

   a.

   b.

   c.

9. *El creyente está llamado a cooperar en todos los sentidos con el Espíritu Santo, la obediencia a su Palabra y siguiendo sus impulsos (susurro).* Lea los siguientes pasajes de la Escritura y describa cómo hemos de responder al Espíritu Santo.

   a. Romanos 8:22-27

   b. Efesios 4:30

   c. Gálatas 5:16

   d. Efesios 5:18

   e. 1 Tesalonicenses 5:19

10. *Dios ha provisto hombres y mujeres dotados cuya tarea es hacer el cuerpo de Cristo fuerte y maduro.* Lea Efesios 4:11-15. ¿Qué ha dado el Señor a los líderes específicos a la Iglesia con el fin de que puedan llegar a ser completamente maduros en Cristo?

11. *El Espíritu Santo nos da la capacidad de comprender la verdad espiritual y nos da el poder para estar llenos de la plenitud de Dios.* Lea Efesios 3:16-19. Mencione tres cosas que Pablo ora para que el Espíritu haga en nosotros.

    a.

    b.

    c.

Resumen

Jesús oró por nosotros y por todos los que vendrían a creer en él como Señor y Salvador. Él prometió que el Espíritu Santo vendría y haría su hogar en nosotros. Ahora, el Espíritu Santo mora (vive en el interior) de todo cristiano que se arrepiente y cree en Jesucristo. Él proporciona a cada cristiano con dones especiales y capacidades diseñadas para edificar a los creyentes en Cristo, para ayudarles a crecer hacia la madurez en Jesús.

En verdad, el Espíritu Santo es la promesa (el pago/las arras) de la futura herencia que recibirán los creyentes cuando el Señor Jesucristo regrese para establecer su Reino. Dios Padre ha concedido graciosamente a cada creyente de dones espirituales por el Espíritu Santo para fortalecer y edificar su pueblo. Si bien puede haber diversidad de dones, servicios y actividades provistos por el Espíritu Santo, él da a todo cristiano dones únicos que se utilizarán para edificar a otros cristianos. Todo creyente tiene dones, y cada uno está llamado a usar sus dones para hacer el cuerpo de Cristo fuerte y maduro.

Estamos llamados a ser buenos administradores de estos maravillosos dones de la gracia de Dios, utilizándolos de una manera tal que el mismo Señor sea glorificado por medio de Jesucristo. En el Espíritu, estamos llamados a vivir libres, no como esclavos de nuestra vieja naturaleza, sino más bien como canales del Espíritu, por el cual su fruto será llevado. Sólo tenemos que ceder a él, y seguirlo en todas las cosas.

Apéndices

Los apéndices que usted debe estudiar y meditar por su relevancia para esta lección son los siguientes:

Nuestra declaración de dependencia: Libertad en Cristo (Ap. 9)
Jesús de Nazaret: La presencia del futuro (Ap. 4)

> El mismo aire que es soplado en la flauta, la corneta, y la gaita, produce diferente música de acuerdo a los diferentes instrumentos. De la misma manera el Espíritu obra en nosotros, los hijos de Dios, pero se producen resultados diferentes, y Dios es glorificado a través de ellos de acuerdo a cada temperamento de cada uno y personalidad.
>
> ~ Sadhu Sandar Singh.
> Richard J. Foster y James Bryan Smith, Eds.
> *Clásicos devocionales: Edición Revisada:*
> *Lecturas seleccionadas para individuos y grupos.*
> Renovare, Inc. (HarperCollins Publishers), Nueva York. 1993, p. 291.

Principio clave

Es Dios quien obra en usted quien actuará de acuerdo a su buen propósito (Filipenses 2:13).

Estudios de casos

Lea y reflexione sobre los siguientes casos y conceptos, y responda y de sus puntos de vista para su resolución, basados en los textos que estudió anteriormente.

1. **¿Puede el Espíritu Santo dejar a un cristiano?** De vez en cuando cada creyente se enfrentará a la tentación de dudar de su salvación, ni siquiera pensar que el Espíritu Santo les ha dejado. Algunas enseñanzas afirman que una persona que se ha arrepentido y creído en Cristo puede, por su propia desobediencia deliberada a Dios, en realidad actúar de tal manera que no sea más hijo de Cristo más. Lea las siguientes Escrituras y responda a esta pregunta: ¿puede el Espíritu Santo dejar a un cristiano?

    a. 1 Juan 5:11-13:

    b. Efesios 1:13-14:

    c. Romanos 8:31-39:

2. **¿Cómo puedo saber que algo es del Espíritu Santo y no de uno?** Una de las principales preocupaciones de cualquier creyente en crecimiento en Jesús es el control de sus propios pensamientos y conversaciones. A pesar de que hemos sido salvos y pertenecemos a Jesucristo, el enemigo sigue teniendo acceso a nuestros pensamientos, y puede sugerirnos cosas que no son ni de parte del Señor, ni para nuestro beneficio. ¡No todo pensamiento que le viene a la mente es del Señor! El diablo es un mentiroso y un engañador (Juan 8:44), y lo puede superar, porque el Espíritu Santo (Aquel que mora en nosotros) es más fuerte que él (1 Juan 4:4)!

    Podemos imitar a nuestro Señor, resistir al diablo mediante la comprensión de las Escrituras, y negarse tanto de aceptar o tomar posesión de todos los pensamientos y conversaciones que pueden pasar a través de nuestra mente (Rom. 12:1-2; 2 Cor. 10:3-5). Lea el relato de la tentación de Jesús por el diablo, y observe cómo él contestó a las mentiras del diablo con la Palabra de Dios, para que pueda seguir su ejemplo (Mt. 4:1-11).

3. **¿Cuál es la relación del Espíritu Santo con la Palabra de Dios?** La forma más segura, de gran alcance para conocer la mente del Espíritu es familiarizarse con su Palabra. La Biblia dice que el Espíritu Santo llevó a los autores de la Biblia de tal manera que lo que escribieron fue

inspirado por Dios mismo (2 Pd. 1:20-21; 2 Tim. 3:15-17). Al escuchar la Biblia predicar, leerla, memorizar versículos, estudiar pasajes, y meditar sobre su contenido, podemos llegar a conocer la intención del Espíritu Santo. El arma ofensiva del cristiano para combatir las mentiras es la Palabra de Dios, la "espada del Espíritu" (Ef. 6:17). ¿Por qué es importante sopesar todas las declaraciones que escuchamos con las enseñanzas de la espada del Espíritu, la Biblia (vea 1 Tes. 5:19-21)?

Conexión

Como un cristiano nuevo y en crecimiento, es importante que usted entienda el don del Espíritu Santo, que todo el que cree en Cristo lo recibe. "En el último y gran día de la fiesta, Jesús se puso en pie y alzó la voz, diciendo: Si alguno tiene sed, venga a mí y beba. El que cree en mí, como dice la Escritura, de su interior correrán ríos de agua viva. Esto dijo del Espíritu que habían de recibir los que creyesen en él; pues aún no había venido el Espíritu Santo, porque Jesús no había sido aún glorificado". (Juan 7:37-39). Como creyente, usted ha sido sellado con el Espíritu Santo hasta el día del regreso de Cristo y nos redime (Ef. 1:13-14). En el momento oportuno en la historia, Dios envió a su Hijo para redimirnos con el fin de que nosotros, los que creemos llegáramos a ser adoptados en su familia como sus hijos. Ahora, porque somos sus hijos, Dios envió el Espíritu de Jesús en nuestros corazones, el cual clama "¡Abba! Padre!" (Gál. 4:6-7).

El Espíritu Santo le ha llamado a ser libre, a caminar en su fortaleza, a estar informado y bendecido por su Palabra. Estamos llamados a vivir libres de la condenación, la culpa y la vergüenza. Ya no tenemos que ceder a nuestros propios maneras egoístas, centradas en el pecado. Podemos formar nuevos hábitos de pensamiento, experimentar nuevos enfoques a la vida, y tener nuevas formas de relacionarnos con los demás. Debido a que el Espíritu Santo vive dentro de nosotros, no estamos obligados a seguir las pasiones de nuestra naturaleza pecaminosa. Usted tiene una opción; puede vivir por esas cosas que el Espíritu Santo quiere que haga o, por las inclinaciones de su naturaleza vieja y pecaminosa. En cualquier cosa que elija, habrá una cosecha (Gál. 6:7-9).

¡Elija la vida! Ande en el Espíritu, y no en la carne. Pídale al Espíritu Santo que le fortalezca. Permanezca en su Palabra (la Biblia), y hable con él constantemente. Obedézcale puntualmente en todas las cosas que él le pide que haga. No se desanime tampoco. Cuanto más se mantenga con el Espíritu Santo, más fácil será para escucharle, obedecerle, y seguir su dirección.

Afirmación

El Espíritu Santo mora en mí, dándome orientación y fuerza para hacer su trabajo con libertad y confianza para que la Iglesia pueda crecer en unidad y madurez para la gloria de Dios.

Oración

Juan Crisóstomo (349-407) fue un importante líder de la iglesia primitiva, conocido por sus cautivantes predicas y hablar en público. De hecho, su apodo (Crisóstomo) proviene de la palabra griega "chrysostomos", que significa "boca de oro".

Oración por misericordia, liturgia eslava de San Juan Crisóstomo

En la paz, roguemos al Señor.
    Señor, ten misericordia de nosotros.
Por la paz de lo alto, y por la salvación de nuestras almas,
Roguemos al Señor.
    Señor, ten misericordia de nosotros.
Por la paz de todo el mundo, por el buen estado de las santas iglesias de Dios, y por la unión de todos, roguemos al Señor.
    Señor, ten misericordia de nosotros.
Por esta santa casa, y por aquellos que con fe, temor y reverencia entran en ella, oremos al Señor.
    Señor, ten misericordia de nosotros.
Para nuestro clero (obispos y otros) y por las congregaciones encomendadas a su cargo, oremos al Señor.
    Señor, ten misericordia de nosotros.
Por nuestro país, por todo su pueblo, y por aquellos que están encargados de la autoridad civil, oremos al Señor.
    Señor, ten misericordia de nosotros.
Por esta ciudad, y por todas las ciudades y países, y por los que en fe en él habitan, oremos al Señor.
    Señor, ten misericordia de nosotros. Amén.

~ Roger Geffen. *El manual de la oración pública*. p. 115.

Grito del corazón de Dios

Oh, Espíritu de Dios, el Espíritu del Padre y de su Hijo, Jesucristo, tú eres Dios, la tercera persona de la Santísima Trinidad. Tú eres el Espíritu de verdad, de amor y de santidad, y sabemos que fuiste enviado a nosotros desde el Padre a petición de nuestro Señor Jesús. Porque he confiado en Jesús, has venido a mí, y ahora te adoro y te amo con todo mi corazón. Gracias por vivir en mí, por sellarme como propiedad de Dios, y me enseñas la Palabra de Dios a fin de saber y buscar a Dios como mi luz y fortaleza. Tú eres mi fuerza.

Llena mi corazón de amor por el Señor, y de temor de Dios. Guíame en los caminos del Señor, y supera en mí cualquier falso deseo de pecar o abandonar tu voluntad y obra. Concédeme la paciencia y claridad, para que yo no caiga en el pecado, y aumenta mi fe, que puede aferrarme a tí, a depender de tí, y por su intermedio, llegar a ser más como Jesús, mi Señor.

Así que cambia mi vida para que pueda convertirme en una vida santa, la vida que tú me has llamado a vivir, y ayúdame por favor, Padre celestial, en todas las cosas. Tú eres mi fuente, que junto con Jesús y el Espíritu reinan como un Dios. Por medio de Jesucristo, mi Señor, yo oro. Amén.

Para más estudio

En www.tumi.org/sacredroots, tenemos una sección dedicada a los recursos adicionales por escrito y video.

Vaya a www.tumiproductions.bandcamp.com y descargue la canción, "Spirit of God" ("Espíritu de Dios"), un himno sobre la búsqueda del poder del Espíritu Santo en nuestras vidas.

Foster, Richard J. y James Bryan Smith Eds. *Clásicos devocionales: Edición Revisada: Lecturas seleccionadas para individuos y grupos*. Renovare, Inc. (HarperCollins Publishers), Nueva York. 1993.

Para la próxima sesión

En la siguiente sesión, explorará ***La excelencia que mostramos*** que incluye los siguientes temas:
1. Hemos de imitar a Dios como hijos amados.
2. Como embajadores, estamos para representar a Dios como un pueblo santo y agradecido.
3. Hemos de vivir una vida de amor y servicio a los demás.

Memorización de la escritura

Filipenses 2:13

Asignaciones

1. Pida reunirse con un pastor, anciano, o diácono para descubrir maneras en que puede servir en su iglesia.
2. Pregunte a dos creyentes maduros en su iglesia cuáles dones espirituales piensan ellos que tienen, y cómo llegaron a descubrirlos.
3. Seleccione una forma de servir y empiece a servir en la iglesia local.

Lección 5

LA EXCELENCIA QUE MOSTRAMOS
Viviendo como santos de Dios y embajadores de Cristo en este mundo

> Sed, pues, imitadores de Dios como hijos amados; y andad en amor, así como también Cristo os[a] amó y se dio a sí mismo por nosotros, ofrenda y sacrificio a Dios, como fragante aroma. Pero que la inmoralidad, y toda impureza o *avaricia**, ni siquiera se mencionen entre vosotros, como corresponde a los *santos**; ni obscenidades, ni necedades, ni groserías, que no son apropiadas, sino más bien acciones de gracias. Porque con certeza sabéis esto: que ningún inmoral, impuro, o avaro, que es *idólatra**, tiene herencia en el reino de Cristo y de Dios.
>
> ~ Efesios 5:1-5

Objetivos

Al final de esta sesión, usted debería abarcar a entender sobre *La excelencia que mostramos* al creer que:
- Hemos de imitar a Dios, como a sus propios hijos muy amados.
- Como santos (los santos) en Cristo, hemos de representar a Dios ante los demás como su propio pueblo santo, agradecido.

. . . .

*avaricia – Avaricia es un intenso deseo de poseer algo o alguien que pertenece a otra persona. Es más que sólo querer algo, sino es una codicia extrema que viene del egocentrismo y desprecio arrogante por los propósitos de Dios.

*santos – Un santo es alguien que está apartado como posesión de Dios, demostrado tanto en el servicio y en la adoración. A menudo es mal interpretado en el sentido de alguien cuyo comportamiento es extraordinariamente bueno y religioso. Pero la palabra "santo" y "santificar" o "santificación" todos se basan en la misma idea: algo que está apartado para un propósito especial. Por ejemplo, si tiene un vestido especial o un par de zapatos que sólo se usan para ocasiones especiales, ese pieza de ropa está apartada (o santificada) para celebrar eventos especiales. De la misma manera, "santos" son personas normales que están separados por Dios para adorarle y servirle.

*idólatra – Un idólatra es el que adora a una cosa creada en vez de adorar al Creador. Porque la gente quiere que sus vidas sean buenas, y libre de problemas, han tratado de tomar control de sus circunstancias al ganar el favor de los poderes que no pueden entender. Por lo tanto la gente que adora formas de imágenes de dioses tales como la lluvia, el clima, o la victoria en la guerra, adorarlos en lugar de confiar en el Creador. Otros son codiciosos para su propio beneficio y ponen su confianza en sistemas como el capitalismo, la educación, la actividad religiosa, o el militarismo. Por lo tanto un idólatra es cualquiera que trate de conseguir satisfacer sus necesidades por otra cosa que no sea Dios.

- Como embajadores, hemos de compartir las Buenas Nuevas de salvación con nuestros amigos, familias y vecinos, demostrando con buenas obras el amor de Cristo en el servicio a los demás.

Oración de apertura por sabiduría

Eterno Dios, mi Padre, dices en tu Palabra que eres la fuente de todo conocimiento y sabiduría. Reconozco esto como la verdad, querido Padre, y pido que impartas en mí la sabiduría divina, para que pueda ser capaz de usar bien la Palabra de verdad (2 Timoteo 2:15). Por favor, instrúyeme y enséñame el camino que debo seguir (Salmo 32:8), y dirige mis pasos. Inclina mi oído para escuchar tu voz, y corrígeme ahora en mi forma de pensar y hablar, y guíame cuando he ido por mal camino.

Padre, concédeme el don de discernimiento, y permíteme mientras estudio conocer la diferencia entre las enseñanzas piadosas e impías, espíritus y dones. Muéstrame por el Espíritu Santo lo que su voluntad es, y me dé una idea de cómo puedo llevar a cabo sus intenciones con todo mi corazón.

Querido Señor, por favor ayúdame a ser pronto para oír y oír, tardo para hablar, tardo para la ira (Santiago 1:19). Que las palabras de mi boca y los pensamientos de mi corazón sean aceptables a tus ojos. Permíteme hablar su verdad con sabiduría, a fin de que todos aquellos con los que hablo puedan entender y ser beneficiados por tu verdad.

Enséñame ahora en este estudio al recibir tu Palabra e instrucción. Pido estas cosas en el fuerte nombre de Jesús, mi Señor y Salvador, amén.

Contacto

1. **"¿De dónde tengo la fuerza para hacer eso, quiero decir, para ser como él?"** Como parte de su vida pasada, un joven cristiano era parte de una pandilla que odiaba a las personas de una determinada raza, los "blancos". Toda lo que su pandilla hacía, todo lo que decía, y todo lo que querían se relacionaba en culpar a la gente blanca por lo que habían hecho a los demás a través de la historia. La banda se dedicó a pagar de nuevo por el dolor y la violencia que habían hecho a otros, minimizarlos y hacerles daño cuando fuera y como pudieran. Al arrepentirse y creer en Cristo, este joven cristiano rechazó este grupo y su odio contra los blancos, pero estaba preocupado por la forma en que pudiera evitar volver a caer en los viejos hábitos de su vocabulario y el tipo de conducta que vivió durante tanto tiempo.

   Después de luchar con pensamientos sobre esto durante algún tiempo, dijo, "Ya no quiero ser como era antes, y he llegado a comprender mejor que el Señor quiere que sea como él. Pero, honestamente, ¿*dónde* puedo obtener la fuerza para hacer eso, quiero decir, ser como él?" ¿Qué consejo le daría a este preocupado joven cristiano sobre este tema?

2. **"Nunca he sido un santo, y, no creo seré uno de esos tipos de personas. ¿Yo, un santo?"** En un estudio bíblico con un joven cristiano (que en realidad era un hombre de mediana edad), al pasar por la enseñanza de que Dios espera que vivamos como santos (santos) en Cristo. Las Escrituras eran claras que hemos de conducirnos de tal manera que los demás puedan ver que representamos a Dios en lo que hacemos. Estamos llamados a vivir nuestra condición como aquellos que han sido apartados para los propósitos de Dios y para su uso, como su propio pueblo santo, agradecido. El joven cristiano no podía ver cómo podía ser esto así, teniendo en cuenta todas las cosas que había hecho, y la forma en que había vivido anteriormente. Él se sorprendió de que Dios lo llamara un "santo". ¿Cómo es posible que seamos llamados "santos" cuando hemos hecho cosas en el pasado?

3. **"¡Ser cristiano es como ser un agente secreto para el Reino de Dios!"** Tal vez usted ha visto las películas de espías donde un agente secreto que representa a una nación extranjera penetra en una situación y sirve a los intereses de su país. O bien, usted ha seguido las noticias y oído de un embajador que habla de los puntos de vista de su país sobre un tema en particular, en relación a los demás las perspectivas y políticas de su país. Cuando está hablando, están representando la posición de su nación, literalmente hablando como si la nación entera estuviera presente y dando su punto de vista oficial sobre ese asunto. ¿De qué manera usa la Biblia el concepto de embajador que nos ayuda a entender el papel y el deber de un cristiano ante sus familiares, amigos, colegas y vecinos, que actúa como el agente del Señor y embajador del Reino?

Contenido

En la última sesión (*El legado que recibimos*) aprendió que cuando usted fue salvo, Dios el Espíritu Santo le dio un regalo (s) que se utilizaría para la edificación del Cuerpo de Cristo. Ahora va a explorar más a fondo la forma en que Dios tiene la intención de utilizar de forma creativa para que lo represente en el mundo a medida que lucha en la buena batalla de la fe.

Ahora que nos hemos convertido en los mismos hijos de Dios por la fe en Jesucristo (1 Juan 3:1-3), estamos llamados a ser como el Señor, a imitar el carácter de Dios, a actuar como él, y amar a los demás como si fuera él a vivir a través de nosotros aquí en la tierra. Somos llamados "santos", los muy santos de Dios, hechos justos a través de nuestra fe en Cristo, santificados y limpios del pecado por la sangre de Jesús. Dios quiere nuestra *santificación* (apartado para posesión y uso de Dios), que en todos los aspectos de nuestras vidas – nuestros pensamientos y actitudes, el lenguaje, conducta y nuestras relaciones – podamos mostrar a otros que pertenecemos a Cristo, y que su Reino puede ser visto entre nosotros, en la iglesia.

Como creyentes en nuestros diversos contextos de la vida debemos asumir el papel de la santidad, y dejar que el Espíritu Santo, a través del tiempo y la disciplina, nos forme en lo que el Padre dice que somos. Cada uno de nosotros tiene que aprender a cómo controlar el propio cuerpo en santidad y honor, porque Dios no nos invita a una vida de egoísmo y lujuria, sino a una nueva vida que es a la vez santa y hermosa – una vida que lo glorifica.

Además, hemos sido hechos embajadores de Cristo, y Dios ahora hace su llamamiento a los demás a través de nosotros. Al proclamar a Jesús como Señor, y ofrecer la vida en su nombre para todos los que creen, podemos legitimar nuestro mensaje por la forma en que vivimos, a través de nuestra conducta, nuestro hablar y nuestras acciones. Ahora, como sus embajadores, estamos llamados a representar sus intereses, a hablar sus palabras, a comportarse de manera diferente de los que no lo conocen.

En lugar de imitar el resto del mundo, mostremos un pueblo transformado, un pueblo agradecido. Somos embajadores de Cristo. Volvamos la espalda a un estilo de vida sin Dios, pecaminoso y vivir una vida llena de Dios, una vida que honra a Dios, compartiendo con los demás la vida dada a nosotros en Cristo Jesús, nuestro Dios y Salvador. Somos hechura suya, apartados por Dios para traer gloria a él a través de una variedad de buenas obras que él preparó para nosotros. Estamos para amar y servir a los demás, contar su historia e invitar a otros a unirse a nosotros, especialmente aquellos en nuestra red de familiares y amigos.

> Está claro que aquí no puede haber separación del avance del Reino de Dios por medio de la compasión, la misericordia y la justicia. A partir de este fundamento bíblico debemos movilizar a la iglesia a iniciativas de compasión, misericordia y justicia. Compasión representa el amor de Dios en nosotros y que fluye a través de nosotros, y crea nuestra pasión por los perdidos y el deseo de verles experimentar una nueva vida. La misericordia es nuestra actitud hacia la gente y comunidades quebrantadas. Esto es lo que nos lleva más allá de la mentalidad de culpar y juzgar a la gente en donde están. Incluso cuando las personas están en malas situaciones debido a sus malas decisiones, la misericordia nos lleva a responder de una manera que está más allá de lo que se merecen. Es la manera en que Dios nos veía a nosotros a través de otra persona, cuando estábamos viviendo vidas lejos de Dios.
>
> ~ Efrem Smith. *La iglesia post negra y post blanca de la publicación: Convertiéndonos en la comunidad amada en un mundo multi-étnico.* San Francisco, CA: Jossey-Bass, 2012, p. 59.

La excelencia que mostramos
Lección 5 Estudio bíblico

Lea los siguientes pasajes y conteste brevemente las preguntas asociadas a cada enseñanza bíblica.

1. *Estamos unidos a Jesucristo como nuestra vida, y llevamos fruto en nuestras vidas (vivir vidas santas y compartir el amor de Cristo) porque estamos en comunión con él (relacionándonos constantemente).* Lea Juan 15:1-8 y conteste lo siguiente.

    a. En la comprensión de Jesús sobre la vid, el jardinero, y las ramas, ¿quién es Cristo, quién es el padre, y qué somos nosotros?

    b. Si una rama no se mantiene en él, deja de llevar vida y la bendición de él, ¿puede esa rama dar fruto?

    c. ¿Cómo dijo Jesús que el Padre es glorificado en lo que hacemos?

2. *Todos los que están en Cristo son una nueva creación, llamados a ser santos y a vivir como un embajador de Cristo en donde vivan.* Lea 2 Corintios 5:17 al 6:2.

    a. ¿Qué ministerio nos ha dado Dios (v. 18)?

    b. ¿Qué hizo Dios en Cristo, que hace una transformación y nueva vida a disposición de todos los que creen (v. 19)?

    c. ¿Qué papel jugamos al representar y hacer llamamientos en nombre de Dios a otros (v. 20)?

    d. Describa el llamamiento que debemos hacer en el nombre de Dios (v. 21).

3. *Los que creen están llamados a representar a Cristo y la gloria del reino ante otros en el mundo, en todo lo que hacen y dicen.* Lea Mateo 5:13-16. Llene los espacios en blanco.

    a. Somos la _____ de la tierra.

b. Somos la _____ del mundo.

c. Así alumbre vuestra _____ para que la gente pueda ver su _____ y glorifiquen a _____.

4. *Los que creen tienen que vivir como hijos de Dios intachables y puros, brillando como estrellas en medio de un mundo oscuro y pecaminoso. Lea Filipenses 2:12-16. Haga coincidir la acción con la verdad correspondiente.*

   a. Resuelva su propia salvación   ___Porque es Dios quien lleva a cabo su voluntad en usted

   b. Haga todas las cosas   ___Como luz en el mundo

   c. Que seáis irreprensibles y sencillos   ___En el día de Cristo [Pablo] no corrí en vano

   d. Entre los cuales resplandecéis   ___Sin quejas o cuestionamiento

   e. Retenedor de la palabra de vida   ___Hijos de Dios sin mancha

5. *La voluntad de Dios para cada creyente es que puedan vivir una vida pura, una vida de santidad, siguiendo los lineamientos establecidos para nosotros por el propio Maestro, Jesucristo. Lea 1 Tesalonicenses 4:1-8. ¿Qué dice Pablo que debemos hacer para agradar a Dios?*

6. *Como creyentes en Cristo, debemos poner nuestras mentes en las cosas de arriba, y seguir sus reglas para una vida santa, al vivir ante otros aquí abajo. Lea Colosenses 3:1-17 y responda a lo siguiente.*

   a. ¿Cómo debemos vernos a nosotros mismos, ahora que nos hemos unidos a Cristo (vrs. 1-4)?

   b. ¿Qué actitud debemos tomar sobre esas cosas que pertenecen a nuestra naturaleza terrenal (vrs. 5-9)?

   c. ¿Qué actitudes debemos tomar con respecto a nuestro viejo yo y nuestro nuevo yo (vrs. 9-10)?

d. ¿Qué clase de virtudes debemos cultivar, ahora que somos el pueblo escogido de Dios (vrs. 11-17)?

7. *La gracia de Dios nos enseña en cómo vivir y hacer buenas obras, mientras nos preparamos para la segunda venida de Cristo.* Lea Tito 2:11-14. Llene los espacios en blanco.

   a. La gracia de Dios trayendo salvación nos enseña a renunciar _____ y a vivir _____ vidas mientras esperamos por nuestra bendita esperanza.

   b. Jesús se entregó así mismo por nosotros para redimirnos de _____ y purificar a un pueblo de su posesión, celoso de _____.

Resumen

Como amados hijos de Dios por la fe en Jesucristo, estamos llamados a ser imitadores de Dios, a ser como nuestro Señor, y a cuidar a otros en amor. Somos, por así decirlo, sus miembros aquí en este mundo, como si él estuviera viviendo a través de nosotros, aquí en la tierra. Como tal, estamos llamados a ser "santos" (los santos) de Dios, hechos justos a través de la fe en Jesús. Se nos ha apartado para vivir vidas que sean puras y santas ante el Señor. Hemos de ser santificados (apartados para posesión y uso de Dios), con el fin de mostrar y decir a otros que pertenecemos a Cristo, y que ellos también pueden ser transformados por el mismo Evangelio que nos ha transformado. En verdad, Dios no nos ha invitado a vivir en la impiedad y la impureza, sino en santidad y justicia.

Además de ser llamados a ser santos, también hemos sido hechos embajadores de Cristo, representando a Jesús y el Reino de Dios en nuestras relaciones y nuestra conducta. Somos agentes del Reino, ciudadanos del reino celestial de Dios, y como tales, hemos sido facultados a efectuar el llamamiento de Dios a otros en su nombre. Debemos tener cuidado de hacerlo con claridad, excelencia y firmeza. Tanto en palabra y obra anunciamos a Jesús de Nazaret como Señor y Cristo, el Rey que viene del mundo. A través de nuestras presentaciones del evangelio ofrecemos vida en su nombre a todos los que quieran arrepentirse y creer, y a través de nuestra demostración de amor y las buenas obras mostramos lo que es el Reino. A través de nuestros actos, jugamos una versión piadosa de "muestra y dí" todos los días ante nuestra familia, amigos y vecinos, revelándoles lo que significa estar en el Reino de Dios.

Nadie puede ser un santo y un embajador de Cristo por su propia fuerza y voluntad. Cristo vive en nosotros por el Espíritu Santo, y lo podemos representar sólo a medida que caminamos con él. Al depender de Cristo, para que lo podamos representarlo bien.

Apéndices

Los apéndices que usted debe estudiar y meditar por su relevancia para esta lección son los siguientes:

El factor Oikos (Ap. 10)
Comunicando al Mesías: La relación de los Evangelios (Ap. 19)
Avanzando al mirar atrás: Hacia una recuperación evangélica de la Gran Tradición (Ap. 16)

> Me avergüenza pensar que cualquier cristiano nunca debe poner una cara larga y derramar lágrimas por hacer una cosa por Cristo que una persona mundana estaría más que contenta de hacer por dinero.
>
> ~ Hannah Witall Smith.
> Richard J. Foster y James Bryan Smith, Eds.
> *Clásicos devocionales: Edición Revisada:*
> *Lecturas seleccionadas para individuos y grupos.*
> Renovare, Inc. (HarperCollins Publishers), New York. 1993, p. 239.

> Dios nos llama a trabajar con él en la transformación de los centros urbanos de hoy en los puestos de avanzada de la ciudad de Dios. Así como los temas del reino de *shalom* y la tierra son realidades muy materiales, de este mundo, por lo que la preocupación de Dios no es con "mansiones en el cielo" sino con comunidades vivientes en la tierra. Finalmente él traerá su ciudad y su reino cuando llegue el momento de "restaurar todo" (Hechos 3:21), y el mal será juzgado. Pero la preocupación de Dios, y la actual misión de la iglesia, incluye hacer de la ciudad un lugar de justicia y de paz ahora, en lugar de condenar y huir. Esto requiere un testimonio eficaz del Jesucristo vivo tanto como Salvador y Señor Soberano.
>
> ~ Howard A. Snyder. *Kingdom, Church and World: Biblical Themes for Today.*
> Eugene, OR: Wipf and Stock Publishers, 2001, p. 48.

Principio clave

Porque somos hechura suya, creados en Cristo para buenas obras (Efesios 2:10).

Estudios de casos

Lea y reflexione sobre los siguientes casos y conceptos, y responda y dé sus puntos de vista para su resolución, basados en los textos que estudió anteriormente.

1. **¿Qué sucede cuando fallamos?** A menudo, los nuevos creyentes se encuentran con entusiasmo aceptando el llamado de Dios para ser sus santos y embajadores de Cristo. Mientras caminan con el Señor, se hacen más fuertes, pero, debido a las tentaciones del mundo, las mentiras del diablo y sus hábitos de vida como el mundo en sus viejos hábitos, se pueden quedar cortos, y pecar.

    ¿Qué nos pasa cuando fallamos, o fallamos más de una vez, incluso en la misma área? ¿Es una persona que afirma ser cristiana y, sin embargo cae – esa persona sigue siendo un creyente? ¿Estamos en una especie de libertad condicional santa, donde nuestra salvación está en efecto hasta que fallamos – entonces todo se anula? ¿Sigue siendo considerado un santo y un embajador, incluso después de haber hecho algo malo? Lea las siguientes porciones de las Escrituras, y comparta su respuesta con otro creyente, para consejo y dirección:
    - 1 Juan 1:5-10
    - Proverbios 24:16
    - Santiago 5:16
    - Salmos 32:3-5
    - Proverbios 28:12-13

2. **¿Hay una única posición cristiana en todos los temas en la sociedad?** Vivir como un santo de Dios y un embajador de Cristo es refrescante, pero no es simplista o fácil. Tenemos que tener cuidado de no confundir lo que pensamos con la posición de Dios sobre un tema en particular, y deberíamos ser igualmente sospechosos de simplemente aceptar lo que el último predicador televisivo piensa sobre un tema como la verdad del Evangelio. Hay igualmente cristianos sinceros y piadosos en lados opuestos de cualquier asunto en particular, con ambos lados citando las Escrituras, y afirmando que su punto de vista representa la verdadera posición "cristiana". ¿Qué puede hacer un cristiano cuando se encuentra con creyentes fuertes que tienen puntos de vista contradictorios sobre algún asunto en particular? ¿Tiene que ser siempre un único, claro y "correcta" opinión sobre cualquier tema que surge en la sociedad? ¿Cómo nos ayuda Romanos 14:1-12 a entender este tipo de asuntos, mientras caminamos con el Señor?

3. **Quiénes somos habla más fuerte que lo que decimos.** Sin lugar a dudas, lo que somos habla más fuerte de lo que decimos ante otros. Debemos tener cuidado no sólo para hacer reclamaciones verbales sobre el Reino de Dios, sino en realidad vivir esas reclamaciones para que otros puedan ver y dar testimonio de la verdad. El apóstol Juan nos da un ejemplo de esto en su primera epístola:

1 Juan 3:16-18 – En esto hemos conocido el amor, en que él dio su vida por nosotros, y nosotros debemos poner nuestras vidas por los hermanos. Pero si alguien tiene bienes de este mundo y ve a su hermano tener necesidad, y cierra contra él su corazón, ¿cómo el amor de Dios está en él? Hijitos míos, no amemos de palabra ni de lengua, sino de hecho y en verdad.

La Biblia abunda en su llamamiento para que los creyentes practiquen su verdadero amor (Rom. 12:9), que se muestra a través de nuestro servicio a los demás (Gal. 5:13), y no sólo en palabras bonitas, sino en acción práctica (Stg. 2:15-17). ¿Por qué cree que el Señor pone tanto énfasis en el punto de que nuestro amor debe ser demostrado, no sólo en palabras, sino en la buenas obras prácticas que la gente pueda ver y experimentar?

Conexión

Ahora, usted debe pensar en qué manera estas dinámicas verdades bíblicas pueden afectar su vida en este momento. Dado que usted es uno de los amados hijos por la fe en Jesucristo, ha sido llamado/a a ser un/a imitador/a de Dios, y es llamado/a santo/a, un/a santo/a de Dios! Piense en las formas en las que actualmente se conduce, su forma de hablar y reaccionar a los demás, cómo se relaciona con los familiares y amigos, y cómo usted se preocupa por los demás. Pídale al Espíritu Santo la fuerza y la sabiduría para que pueda vivir una vida más acorde con el llamado de Dios, con la gente con quién se relaciona. ¿Qué cosas hay que dejar de hacer, cosas que puedan bloquear su experiencia con Cristo, y dejar una impresión equivocada en los demás con respecto a su testimonio?

También, usted es un embajador de Cristo, llamado a representar a Cristo y su Reino en todo lo que dice y hace. ¿De qué maneras puede relacionar mejor o actuar hacia los demás que les daría una idea más clara de quién es Cristo, y de que se trata su Reino? No debe tener miedo de ser honesto. Puede que tenga que dejar algunas cosas en conjunto, tal vez empezar a hacer ciertas cosas, o cambiar ciertos comportamientos o relaciones. Dios puede llevarle a seguir haciendo algo, o pedirle que lo haga más a menudo, o con otros. Esté abierto al Espíritu al hablarle a usted sobre su santidad y su posición como embajador, y luego hacer lo que le mande. Recuerde, la piedad es simplemente obediencia repetida en innumerables maneras, día tras día tras día. Responda a Dios como él le hable, y viva en su nueva identidad como un/a santo/a de Dios, y un/a embajador/a de Cristo.

Afirmación

Por el poder de Dios que actúa en mí, puedo imitar el carácter de Dios, representando a Dios como su embajador a través del amor y el servicio a los demás.

LECCIÓN 5: LA EXCELENCIA QUE MOSTRAMOS • 77

Oración

Agustín de Hipona (354 - 430), fue un teólogo y filósofo cuyos escritos influyeron en el desarrollo de la Iglesia en la civilización occidental. Fue el obispo de Hipona (hoy en día Argelia). Fue visto como uno de los más importantes Padres de la Iglesia. Entre sus obras más importantes son "Ciudad de Dios" y "Confesiones".

Oración para conocer a Dios, Agustín

Señor Jesús, hazme conocerme a mí mismo y conocerte a ti,
    y desear nada, sino sólo a Ti.
Permíteme odiarme a mí mismo y amarte a Ti.
Déjame hacer todo por el bien de Ti.
Permíteme humillarme y exaltarte a Ti.
Déjame pensar nada más que en Ti.
Déjame morir a mí mismo y vivir en Ti.
Permíteme aceptar pase lo que pase como que viene de Ti.
Permíteme desterrarme a mí mismo y seguirte a Ti,
    y siempre desear seguirte a Ti.
Déjame volar de mí mismo y refugiarme en Ti,
    que yo pueda merecer ser defendido por ti.
Déjame temer por mí mismo, déjame temerte a Tí,
    Y déjame estar entre aquellos que son elegidos por Ti.
Permíteme desconfíar de mí y poner mi confianza en Ti.
Déjame estar dispuesto a obedecer por amor a Ti.
Permíteme aferrarme a nada, salvo sólo a Ti,
    Y déjame ser pobre por Ti.
Mira sobre mí, para que yo pueda amarte.
Llámame para que pueda verte,
    y siempre disfrutar de Ti.

~ Don L. Davis. *La búsqueda del peregrino*.
Wichita, KS: The Urban Ministry Institute, 2010, pp. 93-94.

Grito del corazón de Dios

Dios Eterno, Dios y Padre de mi Señor Jesucristo, gracias por llamarme a ser tanto un santo y un embajador de Cristo. Quiero representarlo en todo lo que hago, dando la espalda a la impiedad de este mundo, y extendiéndome al llamamiento que me has dado para vivir en su Reino venidero. Por favor, Padre, dame la fuerza para ser un santo, para vivir en santidad y pureza ante tí cada día. Camina conmigo y ayúdame. Permíteme enfrentar cada día con esperanza y confianza, sabiendo que su Espíritu está conmigo, y que me va a ayudar al enfrentar las dificultades y los desafíos del día.

Como tu santo, y como tu embajador, no dejes que pierda el contacto contigo hoy, y ayúdame a recordar sobre todas las cosas, que yo no pertenezco más para mí mismo. Que tú me compraste con un precio, la sangre de Jesús, y ahora pertenezco a tí. Por lo tanto, mantén mi mente y corazón, a pesar de todo lo que puede encontrar hoy. Ayuda a otros a verte a través de mí, en lo que hago, cómo actúo y reacciono, y cómo me relaciono con cada uno en la actualidad. Abre los ojos para ver cómo podría traer más gloria a ti en todo lo que hago y digo. Estas cosas yo oro, por medio de Jesucristo, mi Señor, amén.

Para más estudio

En www.tumi.org/sacredroots, tenemos una sección dedicada a los recursos adicionales por escrito y video.

Don L. Davis. *Vision for Mission: Nurturing an Apostolic Heart (Visión para la misión: Nutriendo un corazón apostólico)*. Wichita, KS: The Urban Ministry Institute, 2012. (Este recurso está disponible en *www.tumistore.org*.)

Para la próxima sesión

En la siguiente sesión, explorará **La edificación que buscamos** incluyendo los siguientes temas:
1. Vivimos la vida en comunidad.
2. Adoramos a Cristo juntos en la iglesia local y en grupos pequeños.
3. Nos sometemos unos a otros en el temor de Cristo.

Memorización de la escritura

Efesios 2:10

Asignaciones

1. Tome 10 minutos para hacer una lista de ideas donde podría ser un mejor cuidador de lo que Dios le ha dado. Piense en su dinero y posesiones. Haga una lista en su diario cómo podrían utilizarse mejor para la iglesia.
2. Tome 10 minutos para evaluar su vida en términos de contentamiento. ¿Dónde está el área de contentamiento frente al área de codicia o envidia? Pídale a Dios donde le está guiando moderadamente para estar contento/a con sus posesiones o relaciones y escriba acerca de esto en su diario.
3. Tome 10 minutos para evaluar la forma en que gasta su tiempo. Pídale a Dios cómo puede simplificar su horario para que esté a disposición de la dirección del Espíritu Santo. Escriba acerca de esto en su diario.
4. Hable a un creyente maduro acerca de las lecciones que ha aprendido sobre el uso del dinero, la codicia y un estilo de vida simple.

Lección 6

La edificación que buscamos
Edificándonos unos a otros en el Cuerpo de Cristo

> Y no os embriaguéis con vino, en lo cual hay *disolución**, antes bien sed llenos del Espíritu, hablando entre vosotros con *salmos*, con *himnos** y cánticos espirituales, cantando y alabando al Señor con el corazón, dando siempre gracias por todo y a Dios el Padre en el nombre de nuestro Señor Jesucristo, Someteos unos a otros en el temor de Cristo.
>
> ~ Efesios 5:19-21

Objetivos

Al finalizar esta sesión, deberá entender *La edificación que buscamos* al creer que:
- La vida cristiana está diseñada para vivir la vida en comunidad, creciendo juntos como familia de Dios, el cuerpo de Cristo y templo del Espíritu Santo.
- Se aprende de las cosas del Reino, adorar a Dios, y crecer como discípulos de Cristo al relacionarnos con otros creyentes en la iglesia local y en grupos pequeños.
- Al seguir a Cristo como Señor, somos construidos (edificados) en nuestra fe a medida que aprendemos a cómo someternos unos a otros en el temor (respeto) por Cristo.

Oración de apertura por sabiduría

Eterno Dios, mi Padre, dices en tu Palabra que eres la fuente de todo conocimiento y sabiduría. Reconozco esto como la verdad, querido Padre,

---

***disolución** – La disolución es la excesiva indulgencia en el placer. No significa que tenemos que evitar todo lo que nos da placer, sino que nos quedemos claros de un comportamiento imprudente que deshonre a Dios. Dios nos ha dado todo para disfrutarlo, pero todo tiene sus propios límites. Por ejemplo, cuando un río fluye dentro de sus cauces, es una fuerza poderosa para bien, pero cuando se desborda e inunda un pueblo, ese río gana poder destructivo. De la misma manera, la disolución es el uso indebido del placer dado por Dios, cuando se desborda de sus límites, se convierte en destructivo para la persona y los afectados.

***Salmos e himnos** – Los salmos son un cierto tipo de poema lírico que se encuentran en la Biblia que eran cantados en la comunidad, dados como una expresión de adoración a Dios. Los himnos y canciones espirituales son expresiones de amor y adoración que son a la vez de la Biblia y escritos por cristianos a través de los siglos.

y pido que impartas en mí la sabiduría divina, para que pueda ser capaz de usar bien la Palabra de verdad (2 Timoteo 2:15). Por favor, instrúyeme y enséñame el camino que debo seguir (Salmo 32:8), y dirige mis pasos. Inclina mi oído para escuchar tu voz, y corrígeme ahora en mi forma de pensar y hablar, y guíame cuando he ido por mal camino.

Padre, concédeme el don de discernimiento, y permíteme mientras estudio conocer la diferencia entre las enseñanzas piadosas e impías, espíritus y dones. Muéstrame por el Espíritu Santo lo que su voluntad es, y me dé una idea de cómo puedo llevar a cabo sus intenciones con todo mi corazón.

Querido Señor, por favor ayúdame a ser pronto para oír y oír, tardo para hablar, tardo para la ira (Santiago 1:19). Que las palabras de mi boca y los pensamientos de mi corazón sean aceptables a tus ojos. Permíteme hablar su verdad con sabiduría, a fin de que todos aquellos con los que hablo puedan entender y ser beneficiados por tu verdad.

Enséñame ahora en este estudio al recibir tu Palabra e instrucción. Pido estas cosas en el fuerte nombre de Jesús, mi Señor y Salvador, amén.

Contacto

1. **"Por las malas experiencias que viví antes, no puedo ir a la iglesia".** Desafortunadamente, muchas personas han asistido a la iglesia y han tenido experiencias terribles con otros en ellas. Cualesquiera que hayan sido los problemas como falta de perdón, refunfuños y celos, malos-entendidos y daños personales han apagado la perspectiva de ir a otra reunión, y empezar de nuevo en una nueva situación. Basado en lo que sabe ahora, ¿cómo aconsejaría a un nuevo creyente sobre su asistencia a una congregación para crecer en Cristo, sobre todo si se aprendió de que se había enfrentado a una experiencia horrible en otra iglesia?

2. **"¡No puedo creer que la Biblia es una historia contínua sobre el rescate de Dios de su creación y de la humanidad! ¡Hombre, que Dios amoroso al que servimos!"** Usted puede que sepa que la Biblia está dividida en dos Testamentos: las escrituras hebreas (39 libros, de Génesis a Malaquías), y las cristianas del Nuevo Testamento (de Mateo hasta Apocalipsis, 27 libros). Lo que quizá no ha tomado en cuenta es que, aunque la Biblia es una biblioteca de libros, en realidad es una sola, una historia desplayada (desarrollada), un gran drama que cuenta la historia del amor de Dios por su creación y por la humanidad. Es sólo por el gran amor de Dios y su compromiso con su universo que pudiéramos ser salvos. En este sentido, el cristianismo se diferencia de casi todas las demás religiones. En realidad, las religiones tienden a centrarse en las prácticas, creencias o dogmas que las personas deben seguir para alcanzar un estado de perfección, obtener una bendición,

ser transformado, o conseguir protección. El cristianismo, por el contrario, es Dios dando salvación a la humanidad a pesar de que no la merezca, no la pidió, y no podía ganarla. ¿Por qué cree que es tan difícil que la gente capte este mensaje básico de las Escrituras? ¿Qué podría estar impidiéndoles la comprensión de la gracia de Dios, su amor real y misericordia por todas las personas, sin importar quiénes son, qué han hecho, y dónde están?

3. **"¿Cómo puede nuestro pastor conducir toda esta gente? ¡Nunca llegaré a conocerlo!"** Una de las cosas que Dios dice una y otra vez en su Palabra es que crecemos al seguir la enseñanza y el ejemplo de los pastores y líderes piadosos que nos provee. En algunas iglesias, sin embargo, el pastor está liderando un gran grupo de creyentes, tal vez cientos o miles. Con tantos creyentes en la iglesia, y con pastores que tienen tanta responsabilidad, muchos se quejan de que se hace difícil si no imposible para cada creyente y cada pareja casada y su familia lleguen a conocer el pastor íntimamente. Si conocer bien a su pastor es una señal de ser pastoreado, entonces probablemente nunca habrá un pastor, dice un nuevo creyente. ¿Cómo puede nuestro pastor dirigir a todas estas personas? ¡Nunca llegaré a conocerlo! ¿Qué le diría para animar a este joven creyente en su entendimiento de lo que significa estar bajo el cuidado pastoral y cómo puede hacerse en la iglesia de la actualidad?

Contenido

En el último período de sesiones (*La excelencia que mostramos*) aprendió que vamos a representar a Cristo como hijos amados, para vivir tanto como santos de Dios y como embajadores de Cristo en un mundo caído. Ahora va a explorar la forma en que Dios quiere que crezcamos en nuestra fe en la iglesia local, bajo la autoridad del liderazgo pastoral, y en sumisión amorosa unos a otros por lo que podemos pelear la buena batalla de la fe.

Jesús quiere que su pueblo se unifique y se comprometan entre sí, ya que vivimos en comunidad. Nos reunimos semanalmente para adorar, y para edificarnos unos a otros en estudios bíblicos o grupos pequeños. Debemos conocer a otros creyentes, y que nos conozcan también. Tenemos que aprender a acogernos mutuamente en nuestros hogares, relajarse y jugar juntos, y hacer todo lo que podamos para animarnos unos a otros al seguir a Cristo. Como creyentes, estamos llamados a vivir la vida cristiana, la edificación de uno al otro a través del uso de nuestros dones, nuestro amor, nuestras amistades y nuestra conducta.

Por otra parte, hay que tener cuidado a desafiarse unos a otros al amor y a las buenas obras, y rechazar esas cosas malas con que antiguamente nos asociábamos antes de que nos convirtiéramos en un miembro del pueblo de Dios por la fe en Cristo.

Mientras que todos estamos constantemente tentados a hacer el mal, ningún lugar existe en la vida espiritual o comunidad cristiana que las cosas se asocien con la mundanalidad, las cosas mencionadas por los apóstoles en sus cartas a los cristianos tales como la inmoralidad sexual, impureza, pasiones desordenadas, malos deseos y avaricia.

En verdad, debemos deshacernos de esas cosas que no edifican (es decir, aquellas cosas que derriban nuestro caminar espiritual), cosas tales como la ira, enojo, malicia, blasfemia, y palabras deshonestas. Como aprendimos en la lección anterior, realmente nos hemos convertido en los mismos santos de Dios, y estamos llamados a ser embajadores de Cristo donde quiera que vayamos. Ahora vivimos para edificar a otros, no a derribarlos o distraerlos de su amor por Jesús.

Más bien, estamos llamados a edificarnos el uno al otro mientras oramos, desafiarnos, y animarnos unos a otros en la iglesia, siguiendo a nuestros líderes espirituales, ya que nos guían a través de su enseñanza y su ejemplo. Como pueblo de Dios elegido, nos esforzamos por amarnos unos a otros, y tratar de cultivar nuevas formas de vivir y pensar, aprendiendo a vivir con compasión, bondad, humildad, mansedumbre y paciencia. Por encima de todo, nuestro amor por los demás debe caracterizar nuestras relaciones entre nosotros. Al hacer esto, agradaremos a Cristo en todas las cosas.

La edificación que buscamos
Lección 6 Estudio bíblico
Lea los siguientes pasajes y conteste brevemente las preguntas asociadas a cada enseñanza bíblica.

1. *La Historia de Dios implica la obra del Padre, del Hijo y del Espíritu Santo, según lo dicho a través de la Biblia, las Sagradas Escrituras. Como creyentes en Cristo, somos el pueblo de esa historia y nos ponemos a pensar en ella en nuestra teología, canto y predicar sobre ella en nuestra adoración, está formándose por ella en nuestro discipulado, y decirle a otros acerca de él en nuestro testimonio.* Lea las siguientes Escrituras, mire el apéndice 5, *La Historia de Dios: Nuestras Raíces Sagradas*, y responda a las preguntas asociadas a continuación.

    Nuestro objetivo fundamental: El amor soberano de Dios

    a. Juan 3:15-18. ¿Qué papel jugó el Padre en la historia de la salvación y rescate de la creación?

    b. 2 Cor. 5:18-21. ¿Qué papel desempeñó Jesús en nuestra historia de la salvación?

c. Ef. 1:13-14. ¿Qué papel juega el Espíritu en ayudarnos en aplicar la historia de Dios?

d. 2 Timoteo 3:15-17. ¿Cómo las Escrituras nos ayudan a entender la historia de Dios?

Nuestra respuesta subjetiva: La salvación por gracia mediante la fe

e. Rom. 10:9-10. Como creyentes, la Iglesia, ¿cómo debemos responder a la Historia?

f. 1 Pe. 2:8-9. ¿Cuál es el objetivo de nuestra adoración y cuál es nuestro objetivo primario en Cristo?

g. Col. 2:6-10. ¿Cómo nos formamos por la Historia y quién o en qué es lo que nos enfocamos?

h. Mat. 28:18-20. ¿Qué mandato ha dado Cristo a la Iglesia al vivir en el mundo?

2. *Tener la plena seguridad de la fe en el Señor Jesucristo, y nuestra esperanza segura del perdón en la historia de Dios, debemos encontrar formas prácticas para animar y edificar a otros creyentes.* Lea Hebreos 10:19-25. Llene los espacios en blanco.

   a. Debemos tener en cuenta como estimularnos mutuamente _____ (v. 24).

   b. No debemos descuidar _____ como es la costumbre de algunos (v. 25).

   c. Debemos _____ y con mayor razón ahora que vemos aquel día se acerca (v. 25).

3. *Después de haber sido salvos por la gracia de Cristo, estamos en una nueva historia apropiándonos de una nueva identidad y esperando un nuevo destino. Por lo tanto, los creyentes deben dejar de imitar el estilo de vida de aquellos que no conocen al Señor, pero deben conducirse como aquellos que han sido redimidos por Cristo.* Lea 1 Pedro 4:1-11 y escriba las cuatro exhortaciones que Pedro le da a los creyentes que hagan como pueblo escogido de Dios.

   a.

b.

c.

d.

4. *La forma en que nos relacionamos con los demás creyentes debe reflejar la misma actitud de humildad que Cristo representó en ganar nuestra salvación para nosotros.* Lea Filipenses 2:1-11. ¿Qué dice Pablo de como debería ser nuestra actitud?

5. *El nuevo mandamiento que Cristo ha dado a sus discípulos es que nos amemos unos a otros, poniendo nuestras vidas en sacrificio por los demás.* Lea 1 Juan 3:11-18. Busque la frase que coincida con la verdad correspondiente.

   a. Este es el mensaje que habéis oído   ___Amémonos unos a otros

   b. No se sorprenda   ___Jesús dio su vida
                                                   por nosotros

   c. Nosotros sabemos que hemos   ___Sino en hecho y en verdad
      pasado de muerte a vida

   d. En esto hemos conocido el amor   ___Porque amamos a
                                                   nuestros hermanos

   e. El que no permanece en amor   ___Que el mundo nos odia

   f. No amemos de palabra ni de lengua   ___Permanece en muerte

6. *Ahora que pertenecemos a Cristo y vivimos en su propia historia, debemos andar como es digno de la salvación que se nos ha dado, a sabiendas de que estamos unidos en un solo cuerpo y un solo Espíritu.* Lea Efesios 4:1-6. Haga una lista de las tres cualidades que hemos de mostrar para vivir de una manera digna de la vocación que hemos recibido.

   a.

   b.

   c.

7. *Como el pueblo de la historia de Dios, los creyentes deben tener cuidado de cómo viven, siguen el Espíritu Santo, y se edifican unos a otros en la adoración y acción de gracias a Dios por medio de Cristo.* Lea Efesios 5:15-21 y que coincida el mandato con la descripción.

    a. Mire cuidadosamente cómo anda   ___Al Señor con el corazón

    b. Hablando entre vosotros   ___A Dios el Padre en el nombre de Cristo

    c. Cantando y alabando   ___No como necios sino como sabios

    d. Dando siempre gracias   ___Con salmos, himnos y cánticos espirituales

    e. No sea necio   ___Sino en entender cuál es la voluntad del Señor

8. *Dios ha concedido líderes piadosos para velar por las almas de los creyentes en la iglesia, los encargados de enseñarnos y dirigirnos en la riqueza de la historia y en la comunión con otros creyentes.* Busque las siguientes Escrituras con la respuesta correcta y encuentre con la que coincida.

    a. Hebreos 13:7   ___Obedeced a vuestros pastores, y sujetaos a ellos con respeto

    b. Hebreos 13:17   ___Considerad el resultado de las vidas de sus líderes, e imitadles

    c. 1 Tes. 5:12-13   ___Respeten y estimen a sus líderes, los que les amonestan en Dios

9. *El enemigo miente sobre nuestra suficiencia en Cristo, sugiriendo que Dios está ocultando algo de nosotros. Pero la Palabra de Dios afirma que tenemos todo lo que necesitamos para la vida y la piedad.*

    a. Lea Génesis 3:1-7. ¿Qué mentira dijo la serpiente a Eva que la llevó a creer que Dios estaba frenándola?

b. Lea 2 Pedro 1:3. Llene los espacios en blanco.

A través de su _____
que nos ha dado _____ que necesitamos para
_____.

> Es muy importante que nos asociamos con otras personas que están caminando en el camino correcto y no sólo con aquellos con quienes estamos en el viaje, sino también aquellos que han ido más lejos. Los que se han acercado a Dios tienen la capacidad de acercarse a él, porque en cierto sentido nos llevan con ellos.
>
> ~ Teresa de Ávila.
> Richard J. Foster y James Bryan Smith, Eds.
> *Clásicos devocional: Edición Revisada: Lecturas seleccionadas para individuos y grupos.*
> Renovare, Inc. (HarperCollins Publishers), Nueva York. 1993, p. 165.

Resumen

Dios quiere que cada creyente en Cristo sea construido (edificado), al llegar a la madurez en Cristo, y aprender lo que significa edificar a otros. Jesús desea que nosotros crezcamos en nuestra fe a través de nuestra participación en la iglesia local, una asamblea de creyentes. Se nos manda a aprender bajo el ejemplo y la enseñanza de pastores piadosos, y vivir junto con otros cristianos en sumisión amorosa entre sí para que podamos pelear la buena batalla de la fe.

El único método de Dios para esta forma de crecimiento es su comunidad amante, cristiana – una iglesia local. ¡Ahora jugamos nuestro papel en la historia de Dios! A cada uno de nosotros se nos han proporcionado los dones espirituales que hemos de cultivar en servicio al Cuerpo, la edificación de unos a otros al reunirnos cada semana como comunidad cristiana de adoración, y al reunirnos en estudios bíblicos o grupos pequeños. Dios quiere que nos amemos unos a otros como Cristo nos ha amado. Esto es algo que aprendemos a hacer juntos, al ser guiados por el Espíritu Santo y los pastores que Dios nos da para que nos dirijan y alimenten. Debemos esforzarnos por ser amigos con otros creyentes, darles la bienvenida en nuestras vidas y nuestros hogares, y pasar tiempo relajado y jugando juntos. Somos una familia, y debemos aprender a relacionarnos juntos como miembros.

Por otra parte, también estamos llamados a desafiarnos unos a otros a amar y practicar las buenas obras, y rechazar esas cosas malas con que antiguamente nos asociábamos antes de convertirnos en uno de los del pueblo de Dios por la fe en Cristo. Sólo peleamos la buena batalla cuando luchamos con otros soldados cristianos, en una comunidad cristiana saludable, bajo la dirección de los líderes piadosos que nos amonestan y animan a través de su ejemplo y la Palabra de Dios.

Apéndices

Los apéndices que usted debe estudiar y meditar por su relevancia para esta lección son los siguientes:

Nuestra declaración de dependencia: Libertad en Cristo (Ap. 9)
Diseñado para representar: Multiplicando discípulos del Reino de Dios (Ap. 20)
El factor Oikos (Ap. 10)

Principio clave

Este es mi mandamiento: Que se amen unos a otros como yo os he amado (Juan 13:34).

Estudios de casos

Lea y reflexione sobre los siguientes casos y conceptos, y responda y de sus puntos de vista para su resolución, basados en los textos que estudió anteriormente.

1. **"¿Qué dones espirituales tengo, y cómo puedo usarlos?"** La Biblia dice que a cada cristiano se le ha dado dones espirituales que les permiten edificar (construir) a otros en la comunidad cristiana (Rom. 12:3-8; 1 Cor. 12:4-11; Ef. 4:9-15; 1 Pe. 4:10-11). Estos dones son para ser utilizados en un cuerpo de creyentes, al interactuar, convivir, participar en el servicio, y crecer juntos bajo un cuidado pastoral. ¿Por qué es siempre más importante servir y cuidar de los demás que a discutir y objetar lo que podría ser nuestro don en particular?

2. **"¿Por qué debería unirme a una iglesia como miembro cuando me siento bien sólo asistiendo a los servicios cada semana?"** Discuta el papel de la iglesia local en el discipulado y la construcción (edificación) de otros cristianos, un nuevo creyente comenzó a hablar de su propia experiencia en la participación de la iglesia. "Me encanta asistir a la iglesia que voy a ahora. Me encanta el servicio y las predicaciones del pastor, y sus servicios son cortos y agradables. Francamente, no he pensado en unirme a la iglesia, como miembro, quiero decir. Conozco a otros que sólo asisten al servicio de los domingos, y no van a los grupos pequeños, u otros eventos. Me gusta esto. ¿Por qué debería unirme a una iglesia cuando me siento bien simplemente asistiendo allí cada semana?" Con base en lo que ha aprendido en este estudio, ¿qué le diría a esta hermana en el Señor acerca de la necesidad de ser parte más profunda de una iglesia que sólamente el culto dominical?

3. **"Hacer amigos no es fácil con el pueblo cristiano".** Una de las dificultades a las que muchas personas se han enfrentado al asistir a la iglesia es la falta de amistades personales. Es realmente sorprendente cómo muchas personas están activas en sus iglesias locales, pero no tienen un solo amigo íntimo dentro de sus miembros. Para empezar, la amistad es importante, pero costosa. Si va a tener amigos debe estar abierto a relacionarse con la gente en amor (Pr. 17:17), estar dispuesto/a a ser conocido/a y entendido/a (Juan 15:13-14), y estar abierto para recibir sugerencias, incluso críticas, en las cosas que pueden necesitar corrección (Pr. 27:6). Los amigos proporcionan el tipo de calidez y consejo que necesitamos para crecer en Cristo (Pr. 27:9). El uso de los dones espirituales entre sí puede ser como afilar el filo en un cuchillo: "Hierro con hierro se afila, y un hombre afila a otro" (Pr. 27:17). Teniendo en cuenta estas verdades, lo que es más importante para usted en este momento es si usted ¿va a formar relaciones fuertes y significativas con otros en su iglesia local?

Conexión

Jesús quiere que crezcamos como discípulos y peleemos la buena batalla de la fe de la guerra espiritual, no por usted mismo, sino con otros creyentes, en comunidad. Si usted no ha asistido a la iglesia regularmente, haga un compromiso en este momento para convertirse en miembro de una comunidad. Pregunte a los creyentes maduros donde se reúnen con los demás cada semana para la adoración, y luego haga un compromiso de ir. Pregunte acerca de su nueva clase de miembros, y comience a asistir a una clase de escuela dominical y/o un grupo pequeño, estudio bíblico, o grupo celular. No se desanime, pero determine que va a ser paciente al conocer a otros creyentes, utilice sus dones para edificarlos, y aprenda de ellos también.

También, haga un esfuerzo por conocer a sus pastores (o líderes, o ancianos, o quizás ya hayan sido nombrados en su iglesia). Hágales saber que usted asiste a la iglesia, y estará orando por ellos. Solicite una visita, y comparta con ellos quién es usted. Ayude a sus líderes para que le conduzcan mejor: "Obedeced a vuestros pastores, y sujetaos a ellos, porque ellos velan por vuestras almas, como quienes han de dar cuenta. Háganlo con alegría y no quejándose, porque esto no os es provechoso para usted" (Heb. 13:17). Decídase ser un creyente firme en la comunidad con los demás. Dios le dará la gracia a medida que avanza hacia adelante con ellos juntos en una vida cristiana fuerte.

Afirmación

Debido a que Jesús ha mandado a sus discípulos a amarse unos a otros, me comprometo a mi mismo a la vida en comunidad de la iglesia, perdonando y sometiéndonos a los otros.

> El cristianismo bíblico es el plan universal de Dios en la naturaleza; puede tomar sobre sí mismo la identidad de cualquier cultura. Vemos esta universalidad del Evangelio en el libro de los Hechos. El día de Pentecostés, cuando el evangelio fue predicado en todos los idiomas del mundo, es una prueba clara de que el Evangelio cristiano no está encerrado en una cultura o idioma particular. Vemos su universalidad como fue comunicada y absorbida en las culturas judías y griegas en el siglo primero. El llamado de la iglesia era penetrar en cada nación, cada cultura, con el mensaje de la salvación, que todos los pueblos puedan someterse a Dios en su origen étnico. Así, en el cristianismo, si yo no adoro a Dios *en mi propia cultura*, estoy siendo incoherente con mi fe.
>
> ~ Carl F. Ellis, Jr.
> *Más allá de la Liberación: El Evangelio en la experiencia americana negra.*
> Downers Grove, IL: InterVarsity Press, 1983, p. 137.

Oración

Francisco de Asís (1181 – 1226) fue un líder de la iglesia italiana y predicador. Organizó un grupo de personas dedicadas a predicar y vivir una vida de pobreza por la causa de Cristo y servir a los demás, llamada la Orden Franciscana. Él ayudó a organizar otras órdenes durante toda su vida. Él es uno de los cristianos más respetados en la historia.

Oración de dedicación, Francisco de Asís

Señor, hazme un instrumento de tu paz.
Donde haya odio, que siembre yo amor,
Donde haya ofensa, perdón
Donde haya duda, fe,
Donde haya desesperación, esperanza,
Donde haya oscuridad, luz,
Donde haya tristeza, alegría.

Oh, Divino Maestro,
Haz que yo no busque tanto ser consolado, sino consolar,
no tanto ser entendido sino entender,
no tanto ser amado, sino amar;
ya que es en el dar que recibimos,
es perdonando que se es perdonado,
es muriendo que nos despertamos a la vida eterna.

~ Don L. Davis. *La búsqueda del peregrino.*
Wichita, KS: The Urban Ministry Institute, 2010, pp. 95.

Grito del corazón de Dios

Dios Eterno, Dios y Padre de mi Señor Jesucristo, gracias por colocarme en el cuerpo de Cristo. Gracias porque yo no tengo que vivir mi vida cristiana por mi cuenta, sin el apoyo de otras personas que también te aman, y que están buscando complacerte. Gracias por la manera en que edifican a su gente en la iglesia local, y por darnos líderes y pastores cuya enseñanza y ejemplo nos ayuden a conocer y hacer tu voluntad. Concédeme la gracia para ser paciente con los demás, para aprender de ellos, y escuchar sus críticas y consejos. Ayúdame a superar cualquier tendencia a separarme de ellos, a ocultarme o ser parte de ellos. Los necesito si voy a ser lo que quieres que sea, dame el coraje para perseverar con los demás, y siempre para reunirme con ellos, nunca rehuir ni descuidarlos. Enséñame a través de mis líderes, y aliéntame y desafíame a través de otros creyentes. Al hacerlo, sé que voy a crecer hasta la madurez en tu Hijo. Gracias, Padre, por el don de tu pueblo. En el nombre de Jesús te lo ruego, amén.

Para más estudio

En www.tumi.org/sacredroots, tenemos una sección dedicada a los recursos adicionales por escrito y video.

Don L. Davis. *Raíces sagradas: Un tratado sobre la necesidad de recuperar la Gran Tradición*. Wichita, KS: The Urban Ministry Institute, 2010.

Para la próxima sesión

En la siguiente sesión, explorará **El enemigo con quien peleamos** incluyendo los siguientes temas:
1. Porque no tenemos lucha contra sangre y carne.
2. Nuestro enemigo el diablo trabaja a través del mundo caído y los deseos de la carne.
3. Nuestro enemigo lleva a sus secuaces a emplear esquemas comunes para desalentarnos y distraernos.

Memorización de la escritura

Juan 13:35

Asignaciones

1. Encuentre dos cristianos maduros y pídales que compartan su experiencia en conseguir la guía de Dios a través del consejo de otros en la iglesia. Pregúnteles qué errores han hecho por no obtener el asesoramiento de otros creyentes.
2. Si no lo ha hecho, determine en el próximo mes empezar a asistir a una sola iglesia con regularidad, un lugar donde se puede empezar a tener compañerismo y decidir si Dios quiere que usted sea un miembro. Recuerde, usted no puede ser edificado (o edificar a los demás) si no está en una iglesia local, bajo la autoridad de un liderazgo pastoral piadoso.

3. Desarrolle una lista de las zonas donde se necesita orientación. Ore diariamente durante una semana para que Dios le guíe en estas áreas, hablando a través de su Palabra y por medio de otros creyentes.
4. Busque a dos creyentes maduros para compartir su lista y pídales su consejo.

Lección 7

EL ENEMIGO CON QUIEN PELEAMOS
Caminando en victoria contra el enemigo de Dios

> Porque no tenemos lucha contra sangre y carne, sino contra principados, contra potestades, contra los gobernadores de las tinieblas, contra huestes espirituales de maldad en las regiones celestes.
>
> ~ Efesios 6:12

Objetivos

Al final de esta sesión, debe comprender la realidad del *Enemigo con quien peleamos* al creer que:
- El universo está en guerra espiritual, el diablo y el reino de las tinieblas contra el Señor Jesucristo y el Reino de la luz: no peleamos contra carne y sangre.
- Cristo ha ganado la victoria sobre nuestro enemigo, el diablo, quién todavía continúa trabajando a través del engaño en el sistema de este mundo caído y nuestra vieja naturaleza pecaminosa, es decir, los deseos de la carne.
- Podemos superar a nuestro enemigo si reconocemos la victoria sobre el pecado de Jesús en la cruz, estar vigilantes del intento del diablo para engañarnos, y aferrándonos a la promesa de Dios con el fin de defender nuestra postura en contra de nuestro enemigo.

Oración de apertura por sabiduría

Eterno Dios, mi Padre, dices en tu Palabra que eres la fuente de todo conocimiento y sabiduría. Reconozco esto como la verdad, querido Padre, y pido que impartas en mí la sabiduría divina, para que pueda ser capaz de usar bien la Palabra de verdad (2 Timoteo 2:15). Por favor, instrúyeme y enséñame el camino que debo seguir (Salmo 32:8), y dirige mis pasos. Inclina mi oído para escuchar tu voz, y corrígeme ahora en mi forma de pensar y hablar, y guíame cuando he ido por mal camino.

Padre, concédeme el don de discernimiento, y permíteme mientras estudio conocer la diferencia entre las enseñanzas piadosas e impías, espíritus y dones. Muéstrame por el Espíritu Santo lo que su voluntad es, y me dé una idea de cómo puedo llevar a cabo sus intenciones con todo mi corazón.

Querido Señor, por favor ayúdame a ser pronto para oír y oír, tardo para hablar, tardo para la ira (Santiago 1:19). Que las palabras de mi boca y los pensamientos de mi corazón sean aceptables a tus ojos. Permíteme hablar tu verdad con sabiduría, a fin de que todos aquellos con los que hablo puedan entender y ser beneficiados por tu verdad.

Enséñame ahora en este estudio al recibir tu Palabra e instrucción. Pido estas cosas en el fuerte nombre de Jesús, mi Señor y Salvador, amén.

Contacto

1. **"¿Los que no pertenecen a Dios – son enemigos del Señor?"** En un mundo donde la guerra religiosa y la violencia está dondequiera, es fácil pensar que, a primera vista, nuestra batalla es contra seres humanos. En todo el mundo, la gente que reclama conocer a Dios están matando a quienes consideran herejes, o malos. Para estar seguros, los seres humanos están haciendo cosas horribles el uno al otro en todo el mundo, desde la violencia imprudente hasta la indiferencia cruel. Pero, según la Biblia, nuestra lucha no es contra sangre y carne (los seres humanos), sino contra las fuerzas espirituales que trabajan a través de la gente a hacer cosas terribles dentro de la creación de Dios. ¿Por qué podría ser esta verdad importante para un cristiano nuevo o en crecimiento en comprender y aplicar?

2. **"El arma secreta no-reservada del diablo".** La Biblia es clara en que la guerra del diablo no es como el tipo de arma que *Hollywood* le gusta retratar en el cine de terror y grotesco – figuras monstruosas persiguiendo inocentes, personas vulnerables en callejones oscuros y casas encantadas. En el núcleo de las armas más eficaces del diablo están las mentiras; argumentos pulidos que parecen inofensivos, creíbles, e incluso dignas de confianza. Estas mentiras sugieren que Dios no existe, que la espiritualidad está compuesta, y que la ciencia por sí sola puede salvar a la humanidad de sus apuros. Resulta que el arma secreta de nuestro enemigo no es tan secreta en lo absoluto. En pocas palabras, el diablo es un mentiroso y padre de mentira. ¿Por qué cree usted que el diablo ha elegido la mentira y el engaño como su arma principal en nuestra sociedad, una que está tan orientada a la prueba científica y el descubrimiento tecnológico?

3. **"Aunque usted tiene la victoria, necesita luchar por ella".** Una de las cosas que los apóstoles hacían hincapié en sus enseñanzas era que tenemos que poner de nuestra parte en la historia de Dios. En pocas palabras, a pesar de que Dios está conquistando nuestro enemigo, el diablo, él debe y puede ser resistido. A pesar de que Jesús ganó la victoria por nosotros en la cruz, la victoria no es automática. Aunque Dios nos ha liberado a través de la sangre derramada por Jesucristo, ahora tenemos que aplicar esa victoria afirmando la verdad y rechazar la mentira. Mientras lo hacemos, seremos cambiados y transformados en

nuestra conducta, relaciones y actitudes. Esta victoria es nuestra, pero debe ser peleada, defendida, y aplicada a cada momento de cada día. Dios instruye a los creyentes a someterse a él, a resistir al diablo, y sólo entonces el enemigo huirá de nosotros. ¿Por qué cree que el Señor quiere que nosotros recibamos nuestra victoria sólo después de que nos hemos comprometido al enemigo y resistido sus intentos de perjudicarnos, engañarnos, y derrotarnos?

Contenido

En el última sesión (***La edificación que buscamos***) aprendimos que debemos amarnos unos a otros y someternos unos a otros en la iglesia local. Ahora va a saber más sobre el enemigo que enfrentamos en la buena batalla de la fe.

Debido a Satanás, el universo está en guerra, y nosotros somos combatientes en esta guerra. La neutralidad no es posible. Nuestro adversario el diablo lleva una gran cantidad de seres espirituales que son inteligentes y peligrosos. Utilizan la naturaleza caída del mundo y los deseos de nuestra carne para resistir la obra de Dios, por lo que debemos estar en guardia contra sus regímenes. También debemos darnos cuenta que ningún ser humano es nuestro enemigo. Aunque experimentamos peligro espiritual a cada paso, Dios está con nosotros y nos ayuda a pelear la buena batalla de la fe, a pesar de los esfuerzos del enemigo.

Aunque Jesús ha ganado la victoria sobre el diablo por todos los cristianos, todavía tenemos que asumir una actitud para luchar contra el enemigo, para que sean prudentes y estén en alerta. Debemos estar atentos y vigilantes, porque nuestro adversario (el diablo) está constantemente en busca de una oportunidad de hacernos daño, atacarnos y destruirnos. A través de mentiras y acusaciones que pretende mutilar, desalentar y devorar a los creyentes, para derrotarnos espiritualmente mientras seguimos a Cristo.

Debemos, por lo tanto, aprender a resistir con eficacia al diablo, para soportarlo. Debemos defendernos de sus ataques, diciéndonos a nosotros mismos la verdad, asegurándose de que dependemos totalmente de Cristo. Debemos caminar en el poder del Espíritu Santo, y mantenerse firme en las verdades de nuestra fe. Recuerde, también, que nunca estamos solos en esta lucha; otros cristianos esparcidos por todo el mundo también están sufriendo en su propia guerra.

Podemos estar seguros de que, aunque la batalla es feroz, constante y diaria, al final, la gracia de Dios proveerá de la victoria final. Nuestro sufrimiento durará sólo un poco de tiempo, pero la gloria que experimentaremos en Cristo será eterna. ¡Dios mismo nos resucitará, y hará fuertes, nos ayudará a mantenernos firmes, hasta el final de la lucha!

> Aunque usted y yo hemos sido trasladados desde el reino de las tinieblas hasta el reino del amado Hijo de Dios, todavía estamos rodeados de una cultura controlada por el gran enemigo de Dios, Satanás. Debemos vivir en ella desde el momento en que aceptamos a Cristo como nuestro Salvador hasta el juicio que caerá. Nosotros, también, estamos abarcados por uno que una vez fue nuestro rey, pero ahora es nuestro enemigo. Es simplemente insensato para un cristiano no esperar guerra espiritual mientras vive en el territorio del enemigo.
>
> ~ Francis Schaeffer.
> *Las obras completas de Francis Schaeffer Volumen 2: Josué y el flujo de la historia bíblica.*
> Westchester, IL: Crossway Books, 1975, p. 210.

El enemigo con quien peleamos
Lección 7 Estudio bíblico

Lea los siguientes pasajes y conteste brevemente las preguntas asociadas a cada enseñanza bíblica.

1. *El diablo se ha opuesto a la voluntad y Reino de Dios desde el principio, y Dios ha determinado que esta rebelión se dejó por un Salvador que vendría.* Busque las siguientes Escrituras que coincidan con la frase correcta.

    a. Gén. 3:1-15   ___El mundo entero está bajo el control del diablo

    b. Isa. 14:12-17   ___El diablo fue creado perfecto, pero se rebeló contra Dios

    c. Ez. 28:12-17   ___El diablo decidió hacerse igual que el Señor

    d. 1 Juan 3:8-10   ___Jesús vino al mundo para destruir las obras del diablo

    e. Ap. 12:7-11   ___Se llama Satanás, el cual engaña al mundo entero

    f. 1 Juan 5:19   ___El diablo le mintió a la primera pareja humana, provocando la caída

    g. 2 Cor. 2:11   ___El diablo usa tácticas comunes para que podamos estar al tanto de sus planes

2. *Jesús vino a vencer, derrotar y destruir las obras del diablo – a liberar a la humanidad de la maldición traída sobre ella por su desobediencia a Dios.* Lea Lucas 11:14-23 y responda las siguientes preguntas.

   a. Cuando Jesús echó fuera demonios, ¿de qué acusó la gente a Jesús de lo que hacía?

   b. ¿Cómo respondió Jesús a la acusación de que echaba fuera demonios por el poder del príncipe de los demonios, Beelzebú?

   c. Jesús dio un ejemplo de la necesidad del "hombre fuerte" que hay que superar para que sus mercancías se tomen. Explique el significado de esta declaración.

3. *El diablo usa la mentira, la acusación y el engaño como armas de engaño, de daños, y desalentar a los creyentes ya que representan a Cristo en el mundo.* Busque las siguientes pasajes en las Escrituras y que coincidan con la descripción adecuada.

   a. Juan 10:1-18   ___Jesús es el buen pastor, pero el enemigo viene a robar, matar y destruir las ovejas

   b. Juan 8:31-44   ___El diablo es un mentiroso y padre de la mentira

   c. Ap. 12:9-10   ___El diablo acusa a los cristianos ante el trono de Dios

   d. Col. 2:15   ___Jesús derrotó al diablo en la cruz, y lo puso en exhibición

4. *Los creyentes deben ser sobrios, vigilantes y conscientes, porque a pesar de que el diablo ha sido derrotado, él está buscando a quienes pueda devorar.* Lea 1 Pedro 5:8-11 y llene los espacios en blanco.

   a. Hemos de ser _____ y _____ por las obras del diablo (v. 8).

   b. El diablo anda como _____, buscando a quien _____ (v. 8).

c. Estamos llamados a _____ en la fe, sabiendo que el mismo tipo de _____ se sufre por nuestros hermanos y hermanas de todo el mundo (v. 9).

d. Cuando hemos soportado la lucha, Dios mismo hará lo siguiente: 1) _____, 2) _____, 3) _____, y 4) _____ en nuestra fe (v. 10).

5. *No hay que amar al mundo ni las cosas en el mundo; al hacerlo es rechazar el amor del Padre por nosotros.* Lea 1 Juan 2:15-17 y conteste las siguientes preguntas.

    a. Verdadero o Falso. Si alguien ama a este mundo, el amor del Padre descansa y gobierna en esa persona.

    b. ¿Qué tres cosas vienen del mundo y no son del Padre?

        i. Los deseos de _____

        ii. Los _____ de los ojos

        iii. La _____ de la vida

    c. ¿Qué dice Juan sobre el estado del mundo? ¿Qué dice acerca de la persona que hace la voluntad de Dios?

6. *El Espíritu Santo en nosotros nos dará el poder para vivir para Dios, y para evitar las trampas de nuestra vieja naturaleza y las tentaciones del mundo. Él nos permite vivir victoriosos en Cristo.* Lea Romanos 8:1-17. Llene los espacios en blanco.

    a. No hay condenación para los que están _____ (v. 1).

    b. Usted no está en el _____ pero en el _____ (v. 9).

    c. Somos deudores, no a la carne, sino a _____ _____ (v. 12).

    d. Usted no recibió un espíritu de _____, sino el espíritu de adopción como _____ (v. 15).

7. *No todas las afirmaciones que escuchamos acerca de Jesús o de su obra son verdaderas. Debemos, por lo tanto, probar los espíritus, porque mayor es el que mora en nosotros.* Lea 1 Juan 4:1-6.

   a. ¿Cómo se puede probar los espíritus? es decir, ¿cómo se puede reconocer el Espíritu de Dios (vrs. 1-3)?

   b. El Espíritu Santo (Aquel que está en usted) es mayor que el que está en el _____ (v. 4).

8. *No hay que sorprenderse o abrumarse cuando somos incomprendidos, rechazados, o incluso odiados por otros a causa de nuestra fe. Seguimos los pasos de Jesús, que experimentó las mismas cosas.* Lea los siguientes pasajes y conteste las preguntas.

   a. Lea Juan 15:18-21. ¿Por qué el mundo nos odia?

   b. Lea 1 Juan 3:11-15. ¿Por qué no deberíamos sorprendernos si el mundo nos odia?

   c. Lea Santiago 4:1-7. ¿Qué debemos hacer para asegurar que el diablo (el que controla el mundo) huya de nosotros?

Resumen

Según las Escrituras, el diablo y la primera pareja humana se rebelaron contra el dominio y gobierno de Dios, y su rebelión puso al universo en guerra. Desde la caída de la humanidad en el Jardín del Edén, Dios ha determinado derrotar al diablo y toda rebelión en su creación enviando a su Hijo a esa misma creación. Jesús entró en nuestro mundo para acabar con el diablo, pagar la deuda de nuestro pecado, y restaurar la plenitud del Reino de Dios. ¡Gracias a Dios, a causa de la obra de Jesús de Nazaret, en este mundo, el diablo ha sido derrotado, y el Reino de Dios ha venido, y se ofrece a todos los que creen!

Ahora que hemos creído en Cristo, hemos sido librados del reino de las tinieblas, y trasladado al reino de su amado Hijo (Colosenses 1:13). Ahora nos hemos unido a la lucha; somos combatientes en esta guerra. Estamos llamados a representar a nuestro Señor, el Vencedor sobre los poderes del mal que han dañado la creación de Dios. En esta guerra, nadie puede permanecer neutral. Nuestro adversario, el diablo conduce y dirige a seres espirituales que buscan destruir las vidas de las personas con astucia y engaño. Este sistema del mundo caído trabaja en conjunto con nuestros propios deseos internos para socavar la voluntad de Dios en nuestras vidas.

Estamos llamados a ser sobrios y vigilantes, conscientes de los esfuerzos del diablo a oponerse a nosotros y hacernos daño. Le podemos resistir a través del poder del Espíritu, al aferrarnos a la verdad de la Palabra de Dios, rechazando sus mentiras, cuando vengan a nosotros. ¡Dios nos fortalecerá al pelear la buena batalla de la fe!

> La centralidad de Cristo en toda la historia y el significado de la existencia humana nos invita a Jesucristo, por quien leemos toda la Biblia de principio a fin. Como pastores de la Palabra, hay una fuerte necesidad de empaparnos nosotros mismos en la historia del Dios trino con su exposición detallada del papel central de Cristo en el mayor drama de la historia humana, el drama de Dios que se hace como uno de nosotros para rescatar al mundo. Este tema del rescate de Dios por todos nosotros, no es un tema inspirador, ni para los oradores motivacionales, o para sermones de terapia masivas. Necesita recuperarse como el mensaje central de nuestra iglesia. Esto no es sólo la forma de la lectura y la predicación de las Escrituras de los apóstoles, sino también la manera de los antiguos padres de iglesia y, en su mayor parte, las iglesias que hacen un servicio antiguo-futuro.
>
> ~ Robert E. Webber.
> *Adoración antiguo-futuro: Proclamando y promulgando la narrativa de Dios.* Grand Rapids, MI: Baker Books, 2008, p. 121.

Apéndices

Los apéndices que usted debe estudiar y meditar por su relevancia para esta lección son los siguientes:

La Teología de Christus Victor (Ap. 11)
Christus Victor (Cristo Victorioso): Una visión integrada para la vida cristiana y el testimonio (Ap. 12)
Jesús de Nazaret: La presencia del futuro (Ap. 4)
Jesucristo, el personaje y tema de la Biblia (Ap. 22)
¡Levántese Dios! Siete palabras clave para buscar al Señor y encontrar su favor (Ap. 23)

Principio clave

Amados, no os sorprendáis del fuego de prueba que os ha sobrevenido, como si alguna cosa extraña os aconteciese (1 Pedro 4:12).

Estudios de casos

Lea y reflexione sobre los siguientes casos y conceptos, y responda y dé sus puntos de vista para su resolución, basados en los textos que estudió anteriormente.

1. **"Estoy tratando de entender lo que significa mantenerse firme en la fe, pero yo no estoy segura de entenderlo".** Después de un gran estudio de la Biblia con los amigos, una joven cristiana estaba meditando sobre el significado de 1 Pedro 5:8-9: "Sed sobrios y velad, porque vuestro adversario el diablo anda como león rugiente, buscando a quien devorar. Al cual resistid firmes en la fe, sabiendo que los mismos tipos de sufrimiento se van cumpliendo en vuestros hermanos en todo el mundo". Ella estaba tratando de entender lo que significaba "estar firmes en la fe". En el estudio que había oído el líder dijo que la palabra "resistir" aquí en este texto era el término griego *antistete*, el mismo utilizado en Efesios 6:11-13 y Santiago 4:7. Significa permanecer fieles, confiados en la Palabra de Dios, incluso si las cosas parecen ir lo contrario de lo que se piensa. Ella estaba luchando, con preguntas difíciles. ¿Significa que yo no puedo o no debería dudar? ¿Qué pasa si me desanimo? ¿Qué pasa si me deslizo y caigo? – ¿y yo no puedo volver? ¿Cómo aconsejaría a esta joven hermana para entender este concepto?

2. **"¿Por qué Dios permite que el diablo se mantenga acosando y haciéndonos daño, incluso después de que nuestro Señor Jesús ya ha ganado la victoria?"** Una de las ideas más desconcertantes para los nuevos creyentes en entender es por qué es necesario que los creyentes se mantengan firmes en su fe en contra de las mentiras del enemigo, si Jesús ha ganado la victoria. Ciertamente, Jesús ha vencido al diablo en la cruz (Col. 2:15), y los creyentes le han superado a través de la sangre del Cordero y de la palabra del testimonio de ellos, no amando sus propias vidas hasta la muerte (Ap. 12:9-10). ¿Por qué, entonces, todavía tienen que luchar? ¿Por qué Dios permite al diablo que luche contra su pueblo, incluso después de que Jesús destruyó sus obras en su primera venida (1 Juan 3:8)? (Pista: Jesús dijo que el siervo no es mayor que su señor, cp. Juan 13:16).

3. **"Nadie puede entender el tipo de dolor y angustia que he vivido. Nadie".** Cuando nos enfrentamos a tiempos difíciles, dolor o pérdida, somos a menudo tentados a pensar que nadie más ha logrado superar pruebas o cosas similares a las nuestras. La naturaleza del dolor y la pérdida es íntima y personal; nuestro dolor y las luchas pueden ser tan feroces que nos inclinamos a pensar que nadie más ha sentido de la forma en que nosotros sentimos, que nadie podría entender el nivel de dolor, desánimo y la desesperación que enfrentamos. Una serie de textos en la Biblia sugiere que esto simplemente no es el caso. Sin embargo. difíciles nuestras pruebas, son similares a las pruebas y ensayos que otros creyentes de todo el mundo enfrentan. Mire 1 Cor. 10:3: "No os ha sobrevenido ninguna tentación que no sea humana; pero fiel es Dios, que no os dejará ser tentados más de lo que podéis resistir, sino que dará también juntamente con la tentación la salida,

para que podáis soportar". ¿Cómo puede nuestra comprensión de esta verdad ayudarnos a soportar el juicio al enfrentar tiempos difíciles?

Conexión

¡Gracias a Dios que nos ha dado la victoria por medio de nuestro Señor Jesucristo (1 Cor. 15:57)! Hemos sido rescatados del poder del diablo, librados del reino de las tinieblas, redimidos por la sangre de Jesús en la cruz, hemos sido bienvenidos como miembros de un nuevo gobierno, con una nueva autoridad y Reino del amado Hijo de Dios (Colosenses 1:13). Esta gran victoria es nuestra, pero hay que aprender a resistir al enemigo, a pelear la buena batalla y luchar como combatientes en esta guerra. Piense en las áreas en las que ha sido llamado/a a representar al Cristo Victorioso (*Christus Victor* un título dado a Jesús que significa "a Cristo sea la victoria") – en su familia, entre sus amigos, en su barrio, en su trabajo, y con los que se encuentre. Ahora usted es un soldado de Cristo (2 Tim. 2:1-8), y llamado/a a defender su posición de cara a nuestros ataques constantes del enemigo.

Una de las primeras cosas que debemos aprender en esta guerra es la forma de alinear nuestro diálogo con la enseñanza de la Palabra de Dios. No son las circunstancias las que nos encontramos, sino *los pensamientos que nos decimos* que forman e influencian tanto en lo que sentimos y cómo actuamos. Ahora debemos aprender a decirnos la verdad sobre esta gran batalla, sobre nuestra identidad, sobre la victoria de Cristo, y sobre los recursos que el Señor nos ha dado para ayudarnos a obtener la victoria. Puesto que los pensamientos que nos decimos a nosotros mismos (aquellas cosas que creemos) determinan cómo nos comportamos, debemos aprender nuevos hábitos al hablar con nosotros mismos. Tenemos que aprender a estar de acuerdo con Dios, afirmando la victoria de Jesús sobre el poder del mal, y creer que cuando nos sometemos a Dios y resistimos las mentiras del diablo, el diablo huirá.

Empiece ahora (hoy), al pedir al Espíritu Santo que le dé la capacidad para captar las mentiras que ha estado creyendo. Determine interpretar su vida basada en la verdad de la Palabra de Dios y su victoria en Cristo, no por cómo se ven las cosas o cómo se siente. Aprender nuevos hábitos de pensamiento tomará tiempo, así que tenga paciencia. Cuanto más se afirma a la verdad y reclame la victoria que es suya en Jesús, más fuerte se volverá, haciéndolo/a más eficaz en la batalla espiritual. Comience hoy, pidiendo a Dios que le conceda la fuerza al formar nuevas actitudes, nuevos hábitos y nuevos patrones de pensamiento. Mientras lo haga, va a vivir en la victoria que Jesús ganó para usted, evitar el desánimo y malestar emocional, y crecer hacia la madurez en su vida cristiana.

Afirmación

Tengo un enemigo que intenta disuadirme de mi trabajo del reino, así que no voy a ser sorprendido cuando vengan las pruebas.

Oración

Anselmo de Canterbury (1033 – 1109), nació en Francia y más tarde fue un líder de la Iglesia de Inglaterra. Él es llamado el fundador del escolastísismo debido a su influencia en la teología. Es famoso por ser el autor del argumento ontológico (que explica la existencia de Dios)

Oración por instrucción, de Anselmo

Señor, mi Dios,
Enseña a mi corazón cómo y dónde buscarte,
Dónde y cómo encontrarte.
Tú me has creado y renovado,
Me has concedido todos los bienes que poseo
Y aún no te conozco.
Todavía no he hecho para lo que fui hecho.
Enséñame a buscarte,
Porque yo no puedo buscar
A menos que tú me enseñes,
O te encuentre
A menos que te muestres a mí.
Déjame buscarte es mi deseo,
Déjame desearte en mi búsqueda.
Déjame encontrarte al amarte,
Déjame amarte cuando te encuentre.

~ Don L. Davis. *La búsqueda del peregrino.*
Wichita, KS: The Urban Ministry Institute, 2010, p. 98.

Grito del corazón de Dios

Querido Padre Celestial, Dios y Padre de nuestro Señor Jesucristo, gracias por la victoria que has dado a tus hijos sobre el adversario, el diablo. Su amor por nosotros te permitió dar el regalo de tu Hijo, y ahora hemos sido liberados de su reino de las tinieblas y entregado en el Reino de tu Hijo. Tú me has perdonado de mis pecados, hiciste las paces conmigo a través de la sangre de la cruz, y me ha dado la vida eterna en tu nombre.

Gracias, querido padre, que ahora soy tu hijo/a, que tu Espíritu Santo me dirige y me guía, y que puedo caminar en victoria en el nombre de Jesús. No me dejes caer en tentación, más líbrame de todo mal. Mi único deseo es que tú seas alabado y glorificado en lo que soy y lo que hago. Dame la gracia hoy para que pueda complacerte, porque sólo tú eres digno de mi alabanza. En el nombre de Jesús oro estas cosas, amén.

Para más estudio

*En **www.tumi.org/sacredroots**, tenemos una sección dedicada a los recursos adicionales por escrito y video.*

Neil T. Anderson. *Victoria sobre la oscuridad*. Bloomington, MN: Bethany House Publishers, 2013.

Para la próxima sesión

En la siguiente sesión, explorará ***El equipo que utilizamos*** incluyendo los siguientes temas:
1. Dios nos da las armas para que podamos defender nuestra postura.
2. Debemos creer la verdad y estar en contra de la mentira.
3. Desarrollamos nuestra capacidad de luchar a través de la práctica de las disciplinas espirituales.

Memorización de la escritura

Juan 16:33

Asignaciones

1. Establecer una meta para revisar este material, al menos, tres veces esta semana que viene. Práctique diciéndose las verdades simples en voz alta a medida que avanza el día. Por ejemplo, podría decir, "Gracias, Padre celestial, por vencer al diablo y sus caminos en mi vida a través de mi fe en Jesucristo" o "este pensamiento que no son del Señor. Es una mentira, y no voy a aceptarlo". Formará nuevos hábitos de hablar con usted mismo al practicar su caminar por la fe durante el día.
2. Una de las formas para derrotar al enemigo es a través de la disciplina del ayuno. El ayuno es renunciar a los alimentos o alguna otra actividad regular para dar atención especial a Dios y a la buena batalla de la fe. Renunciar a una comida para orar, estudiar y meditar en Dios. (Si sus propias limitaciones de salud son tales que no se puede saltar una comida, renuncie a un programa de televisión o una actividad recreativa planificada en su lugar).
3. Grabe su experiencia del ayuno en su diario y compártalo con un creyente maduro en la iglesia.
4. Planifique su próximo ayuno y póngalo en su calendario.

LECCIÓN 8

EL EQUIPO QUE UTILIZAMOS
Vistiendo toda la armadura de Dios

> Por tanto, tomad toda la armadura de Dios, para que podáis resistir en el día malo, y habiendo acabado todo, estar firmes. Estad, pues, firmes, ceñidos vuestros lomos con la verdad, y vestidos con la coraza de justicia, y calzados los pies con el apresto del evangelio de la paz. Sobre todo, tomad el escudo de la fe, con que podáis apagar todos los dardos de fuego del maligno. Y tomad el yelmo de la salvación, y la espada del Espíritu, que es la palabra de Dios.
>
> ~ Efesios 6:13-17

Objetivos

Al final de esta sesión, usted debe comprender *El equipo que utilizamos* al entender que:
- Dios ha provisto a cada creyente con la armadura necesaria para resistir al enemigo y mantener su posición en caso de ataque.
- La verdad de la Escritura (es decir, la Palabra de Dios) puede permitirnos identificar, estar en contra, y reemplazar las mentiras que el enemigo lanza contra nosotros.
- El Espíritu Santo desarrolla nuestra capacidad para luchar contra el enemigo a través de nuestra práctica de las disciplinas espirituales.

Oración de apertura por sabiduría

Eterno Dios, mi Padre, dices en tu Palabra que eres la fuente de todo conocimiento y sabiduría. Reconozco esto como la verdad, querido Padre, y pido que impartas en mí la sabiduría divina, para que pueda ser capaz de usar bien la Palabra de verdad (2 Timoteo 2:15). Por favor, instrúyeme y enséñame el camino que debo seguir (Salmo 32:8), y dirige mis pasos. Inclina mi oído para escuchar tu voz, y corrígeme ahora en mi forma de pensar y hablar, y guíame cuando he ido por mal camino.

Padre, concédeme el don de discernimiento, y permíteme mientras estudio conocer la diferencia entre las enseñanzas piadosas e impías, espíritus y dones. Muéstrame por el Espíritu Santo lo que su voluntad es, y me dé una idea de cómo puedo llevar a cabo sus intenciones con todo mi corazón.

Querido Señor, por favor ayúdame a ser pronto para oír y oír, tardo para hablar, tardo para la ira (Santiago 1:19). Que las palabras de mi boca y los pensamientos de mi corazón sean aceptables a tus ojos. Permíteme hablar su verdad con sabiduría, a fin de que todos aquellos con los que hablo puedan entender y ser beneficiados por tu verdad.

Enséñame ahora en este estudio al recibir tu Palabra e instrucción. Pido estas cosas en el fuerte nombre de Jesús, mi Señor y Salvador, amén.

Contacto

1. **"¿Todos estamos involucrados en una guerra espiritual? ¡Eso suena un poco como a cosas de *Hollywood* para mí!"** Al discutir el sermón del pastor sobre la guerra espiritual con un amigo no creyente, un joven discípulo de Cristo tuvo su primer encuentro con la duda real acerca de la realidad de las cosas espirituales. Rafael, un amigo de Debbie, había estado escuchándola compartir su fe en Cristo, de cómo Jesús murió en la cruz para pagar la pena del pecado de la humanidad, derrotando a los poderes del enemigo, que por el temor de la muerte había mantenido sujeta la humanidad a servidumbre. "¿Qué le has dicho Deb? ¿Cree que estamos en una especie de batalla espiritual?" Debbie respondió, "Sí, la Biblia dice que el universo entero está en guerra, y que el verdadero enemigo de la gente no son entre sí, sino contra el Maligno, Satanás, cuyas mentiras y engaños han causado que la gente se rebele contra Dios y causen dolor el uno al otro". "No sé si me puedo tragar eso, Deb. ¿Quieres decir que todo el mundo está involucrado en una guerra espiritual? ¡Eso suena un poco como a cosas de *Hollywood* para mí!" ¿Cómo aconsejaría usted a Deb para responder a su amigo Ralph sobre la realidad de la guerra espiritual?

2. **"Las mentiras son las armas más mortíferas del mundo, más fuertes que el más fuerte misil".** Este es el sentir de uno de los mejores maestros de la Biblia que el mundo jamás haya conocido, el Rev. Dr. John Stott. Él enseñó mucho sobre el significado de la Escritura, y cree que en la guerra espiritual todo discípulo de Jesús está envuelto, el corazón de la lucha está sobre la verdad, es decir, lo que en realidad es la interpretación correcta del mundo, la vida, y lo por venir. El argumentó que la verdad de la Escritura (es decir, la Palabra de Dios) puede permitirnos identificar, estar en contra, y reemplazar las mentiras que el enemigo lanza contra nosotros. ¿Qué opina de esta frase: "Las mentiras son las armas más mortíferas del mundo"? ¿Puede pensar en algunos ejemplos de la mentira en la historia que la gente creyó que les llevó a cosas horribles hechas o perpetradas en otros, simplemente porque la gente aceptó las falsedades como la verdad?

3. **"Entre más lo haga, se encontrará haciéndolo mejor".** Todos nosotros somos criaturas de hábitos, que, según parece, termina siendo entre una de las características más útiles que los seres humanos tienen. El principio es bastante simple. Cuanto más practique una cierta actitud,

pensamiento, práctica o comportamiento, más fácil es repetirlo – y normalmente, se convierte en experto en hacerlo. De la misma manera, Dios nos ha concedido ciertas prácticas que nos forman espiritualmente (muchas veces llamadas disciplinas) que aumentan nuestra capacidad para luchar contra el enemigo. Cuánto más practiquemos las disciplinas de la vida cristiana (por ejemplo, orar, la comunión con otros creyentes, leer, estudiar y memorizar las Escrituras, y adorar a Dios), más fuerte nos volvemos y más fácil es reconocer las mentiras del enemigo y resistirlas por fe. Lea Gál. 6:7-9. ¿Cómo este texto nos ayuda a entender cómo podemos llegar a la madurez en Cristo a través de nuestra constante práctica, paciente de las disciplinas espirituales?

Contenido

En la última sesión (***El enemigo con quien peleamos***) aprendió sobre la naturaleza del enemigo. En esta sesión, aprenderá cómo utilizar toda la armadura de Dios, el equipo que el Señor nos ha dado para combatir nuestra buena batalla de la fe.

La verdadera naturaleza de la vida cristiana es una guerra, no contra personas, sino contra las fuerzas espirituales del mal que se resisten a nuestro trabajo porque pertenecemos a Cristo. Nunca deberíamos sorprendernos de que el enemigo es implacable; su ataque será a la vez feroz y constante. Dios nos ha proporcionado el blindaje adecuado, todo el arsenal de armas espirituales para que podamos utilizar en la guerra espiritual. La lucha en la que estamos es retratada como una lucha con las fuerzas espirituales que están decididas a vernos comprometer nuestra fe, entregar nuestro compromiso con Cristo y reemplazarlo con lo mundano y la distracción.

Las imágenes bíblicas sobre las mentiras del enemigo son como dardos de fuego, flechas del maligno, que pueden ser extinguidas por el escudo de la fe. Nuestra fe en Dios es representada como un escudo que nos protegerá del malo, del mismo Satanás. Jesús es nuestro Señor, Guerrero Divino que derrotó a Satanás en una gran victoria a través de la cruz y de su resurrección de entre los muertos. Somos victoriosos en el mismo gran victorioso, *Christus Victor*, el Señor Jesucristo.

Por lo tanto, los creyentes son guerreros espirituales, soldados de Cristo, los campeones que son conscientes de lo que está en juego en la lucha con las mentiras del enemigo. Debemos adoptar una mente para combatir al enemigo, para representar a Cristo con honor en todo lo que hacemos, y para defender nuestra postura en la lucha espiritual que nos aferramos con la confianza de un niño hacia el Dios y Padre de nuestro Señor Jesucristo. A través de él, podemos soportar cualquier complot del enemigo contra nosotros.

Ya que la táctica más común del diablo es mentir a nosotros, nuestra mayor arma es afirmar la verdad y negarse a creer en las mentiras, permanecer en estado de alerta a las falsedades a las que estamos tentados a aceptar. Cada pieza de la armadura de Dios se relaciona de alguna manera fundamental a la verdad de Dios en Cristo. Es por esto que tenemos que aprender acerca de las diversas armas de la armadura, para que a través de la práctica constante las podamos emplear eficazmente con habilidad contra el enemigo. Cuanto más nos involucremos con ellas, mejor pelearemos, como soldados de Jesucristo.

> Satanás entró en el jardín y le susurró a Adán y Eva – y con ellos, a todos nosotros. "No puede confiar en el corazón de Dios... Él está aguantando y usted tiene que tomar el asunto bajo su control".
>
> ~ John Eldredge. *Epopeya: La historia Dios está contando.*
> Nashville: Thomas Nelson, Inc., 2004, p. 55.

El equipo que utilizamos
Lección 8 Estudio bíblico
Lea los siguientes pasajes y conteste brevemente las preguntas asociadas a cada enseñanza bíblica.

1. *A pesar de que vivimos en el mundo, no libramos batallas espirituales según la carne; nuestras armas son de Dios, quien nos entrena para la guerra espiritual efectiva.* Lea 2 Corintios 10:3-5 y llene los espacios en blanco con respecto a las armas de nuestra milicia.

    a. Las armas que Dios nos ha proporcionado no son del _____.

    b. Estas armas divinas tienen poderes divinos para destruir _____.

    c. A través de estas armas, podemos destruir _____ y cada _____ levanta contra el conocimiento de Dios.

    d. Nuestro uso de las armas nos permite _____ _____.

2. *Dios ha suministrado a los creyentes con el blindaje adecuado para mantenerse firmes contra las asechanzas y estrategias de nuestro enemigo, el diablo, usa la mentira para intimidar y dañar a los creyentes.* Busque los siguientes pasajes de la Escrituras que coincidan con la descripción correcta.

a. Rom. 13:11-12 ___Toda la armadura de Dios nos permite estar de pie contra el enemigo

b. Ef. 6:11-12 ___Desechemos las obras de las tinieblas, y vistámonos de las armas de luz

c. 1 Tes. 5:8 ___La coraza de la fe y amor, y el yelmo de la salvación

3. *Los creyentes están en guerra no sólo con el diablo, sino también con lo que la Biblia llama el "mundo", y la "carne" (su propia naturaleza pecaminosa). Satanás ataca a los creyentes externamente a través de las tentaciones de este sistema mundial, e internamente al causar que los creyentes cedan a sus inclinaciones pecaminosas.* Conecte las Escrituras siguientes con su correcta interpretación.

a. Santiago 4:4 ___El enemigo busca socavar nuestro compromiso con Cristo

b. Judas 3-4 ___Ser amigos con el mundo es ser enemigo de Dios

c. 2 Cor. 11:3 ___El diablo acusa a los creyentes, buscando condenarlos ante Dios

d. Ap. 12:10 ___El engaño es el arma del enemigo elegida para dañar a los creyentes en su caminar

4. *Los creyentes deben, tomar toda la armadura de Dios para poder resistir en el día malo, y después de resistir al enemigo, estar firmes en la fe.* Lea Efesios 6:13-18. Busque coincidir las partes de la armadura de Dios con las cosas asociadas con cada pieza.

a. Cinturón ___de salvación

b. Coraza ___del Espíritu, la Palabra de Dios

c. Zapatos ___de preparación del evangelio de la paz

d. Escudo ___de verdad

e. Casco ___de la fe

f. Espada ___de justicia

5. *En nuestra lucha espiritual, el Señor es nuestra fuerza y escudo, nos equipa para hacer batalla contra las mentiras, falsedades y engaños del diablo.*

   a. Lea Mt. 4:1-11. ¿Cómo resistió Jesús a los ataques y las tentaciones del enemigo?

   b. Lea el Salmo 18:31-48. Nombre tres formas en que el Señor prepara a sus soldados espirituales para resistir las tácticas del enemigo.

      i.

      ii.

      iii.

   c. Lea Sal. 144:1-10. ¿Cómo nos enseña el Señor a combatir a los "enemigos", es decir, las mentiras y falsedades que nos enfrentamos cada día?

6. *El soldado espiritual debe tomar la armadura de Dios, y debe limpiarse a sí mismo de todo lo que le impide seguirle.* Lea 1 Timoteo 6:11-16. ¿Qué debe perseguir para poder pelear la buena batalla de la fe?

7. *El pecado socava nuestra eficacia en la guerra, y puede causar que renunciemos. Sin embargo, si pecamos, Dios nos ha proporcionado un abogado que nos representa ante el Padre.* Lea 1 Juan 2:1-2. Si pecamos, ¿quién es nuestro abogado, que habla en nuestra defensa?

8. *No importa lo difícil y desalentadora la batalla contra el pecado puede llegar a ser, el amor de Dios garantiza que podemos ser victoriosos al final.* Lea Romanos 8:28-39. Llene los espacios en blanco.

   a. Todas las cosas les ayudan a _____ para aquellos llamados según su _____ (v. 28).

   b. Si Dios es por nosotros que puede ser _____ nosotros (v. 31)?

   c. ¿Quién nos separará del _____ de Cristo (v. 35)?

d. En todas estas cosas somos más que _____ por medio de aquel que nos amó (v. 37).

e. Haga una lista de todas las cosas que son impotentes de separarnos del amor de Dios que está en Jesús nuestro Señor (vrs. 38-39).

9. *La espada del Espíritu es la Palabra de Dios, Escrituras sopladas por Dios (inspirado) que son eficaces para equipar y prepararnos para todo lo que necesitemos para resistir y perseverar en nuestro llamado en Cristo.* Lea 2 Timoteo 3:16-17. Enumere tres cosas que la Biblia hace para equiparnos para toda buena obra.

10. *Con el fin de ser eficaces en la lucha espiritual, debemos añadir a nuestra fe las cualidades de la piedad que nos harán productivos durante toda nuestra vida cristiana.* Lea 2 Pedro 1:3-11 y responda a lo siguiente.

    a. ¿Qué poder divino se nos ha otorgado (v. 3)?

    b. Ya que tenemos sus preciosas y grandísimas promesas, ¿en qué queremos participar (v. 4)?

    c. Después de completar nuestra fe con la bondad, ¿qué más debemos buscar (vrs. 5-7)?

    d. ¿Cómo podemos evitar ser inútiles e improductivos en nuestro conocimiento del Señor (v. 8)?

    e. ¿Que es cierto de alguien que carece de estas cualidades (v. 9)?

Resumen

Cada creyente en Jesucristo está en guerra con el mundo, la carne y el diablo. Esta no es la violencia contra las personas o el combate físico, sino más bien contra las fuerzas cósmicas de maldad que buscan engañar, distorsionar y destruir a los creyentes mediante el uso de mentiras y engaños. El diablo anda como león rugiente, buscando a quien devorar (1 Pedro 5:8-9), y debemos estar alerta, mantenernos al tanto de sus planes y dispositivos. Sus ataques contra nuestras mentes y nuestros corazones serán feroces y constantes.

Con el fin de resistir al enemigo en el día de la batalla, Dios ha provisto a los creyentes con una armadura celestial, "toda la armadura de Dios", dada para nuestro uso en nuestra guerra espiritual. El arma del enemigo elegida son las mentiras, lo que las imágenes bíblicas retratan como dardos de fuego del maligno, que sólo pueden ser extinguidas por el escudo de la fe (una de las piezas de la armadura de Dios). Además, se nos ofrece el cinturón de la verdad, la coraza de justicia, las sandalias del Evangelio de la paz, el yelmo de la salvación, y la espada del Espíritu, la Palabra de Dios.

Nunca se desanime al usted participar en esta guerra espiritual: "Comparta en el sufrimiento como un buen soldado de Cristo Jesús. Ningún soldado se enreda en los negocios de la vida, ya que su objetivo es agradar a aquel que le alistó" (2 Timoteo 2:3-4). Los ataques del enemigo vienen en forma de mentiras, acusaciones, condenas, y la negatividad que puede ser constante. Aprender a luchar implica aprender a ser persistente, ser disciplinado y fiel. Cuanto más utilice la armadura de Dios en su lucha contra las mentiras del enemigo, más va a estar en victoria. Tenga paciencia y espere en el Señor.

Apéndices

Los apéndices que usted debe estudiar y meditar por su relevancia para esta lección son los siguientes:

Cómo empezar a leer la Biblia (Ap. 3)
Comprendiendo la Biblia en partes y como un todo (Ap. 13)
Resumen esquemático de las Escrituras (Ap. 17)
Tabla cronológica del Nuevo Testamento (Ap.18)
Comunicando al Mesías: La relación de los Evangelios (Ap. 19)
¡Levántese Dios! Siete palabras clave para buscar al Señor y encontrar su favor (Ap. 23)

> El verdadero problema de la vida cristiana llega en el momento en que usted se despierta cada mañana. Todos sus deseos y esperanzas del día salen como animales salvajes. Y el primer trabajo cada mañana consiste simplemente en empujarlos a todos de vuelta; al escuchar esa otra voz, tomando ese otro punto de vista, dejando que otra vida más grande, más fuerte, más tranquila venga fluyendo. Y así sucesivamente, todo el día. Sólo podemos hacerlo por momentos al principio. Pero a partir de esos momentos el nuevo tipo de vida se propaga a través de nuestro sistema; porque ahora estamos dejando que Él obre en la parte correcta de nosotros. Es la diferencia entre la pintura, que está simplemente colocada sobre la superficie, y un tinte o mancha que penetra hasta la médula.
> ~ C. S. Lewis.
> Richard J. Foster y James Bryan Smith, Eds.
> *Clásicos devocionales: Edición Revisada:*
> *Lecturas seleccionadas para individuos y grupos.*
> Renovare, Inc. (HarperCollins Publishers), Nueva York. 1993. p. 9.

| **Principio clave** | **Las armas de nuestra guerra no son de este mundo** (2 Corintios 10:4). |

| **Estudios de casos** | Lea y reflexione sobre los siguientes casos y conceptos, y responda y dé sus puntos de vista para su resolución, basados en los textos que estudió anteriormente. |

1. **"No todo lo que viene a la mente es del Señor. ¡Aprenda a revisar las fuentes!"** Los nuevos creyentes deben aprender a entender que su mente es el campo de batalla de la guerra espiritual. El enemigo tiene acceso a nuestros pensamientos, y puede sugerir mentiras, falsedades, o la distorsión a los creyentes. Si estos engaños se creen, pueden causar malestar emocional, falsas perspectivas, y dar lugar a comportamientos y hábitos destructivos. A pesar de que poseemos el armamento divino para resistir las falsas ideas y perspectivas con que nos encontremos, todavía tenemos que aprender a responder al diablo, es decir, usar las Escrituras para combatir mentiras en particular que el enemigo lanza contra nosotros.

   Lea otra vez el relato de Jesús con el diablo en Mt. 4:1-11. ¿Cómo el Señor resistió las tentaciones del diablo? ¿Cuál fue su arma? ¿Cómo respondió a las afirmaciones disparatadas que Satanás le dio mientras estaba en el desierto? ¿qué puede enseñarnos esto acerca de nuestra propia guerra espiritual de hoy?

2. **"Nunca será capaz de salir de este atolladero. Nunca".** En un mundo de "microondas" de hoy, todo el mundo está acostumbrado a conseguir lo que necesita de manera rápida, corta y directa. A nadie le gusta la idea de un largo período de trabajo duro antes de experimentar lo que quieren o lo que sienten que necesitan. Este tipo de actitudes pueden afectar en gran medida la vida cristiana. Aunque la victoria, la liberación, y la protección se ha concedido a través de la fe en Jesús (1 Cor. 15:57; Juan 5:24; Rom. 8:35-39; Ef. 1:3), todavía tenemos que aprender a pelear, y la forma de esperar la victoria.

   Los jóvenes cristianos son propensos a fácilmente desalentarse, especialmente cuando empezaron bien, y luego experimentaron un retroceso. Los problemas y pruebas pueden llegar a ser difíciles y agotadores, y nos pueden deprimir. Incluso los cristianos más fuertes pueden ser tomados por sorpresa, y ceder a las tentaciones y las mentiras del enemigo. ¿Qué cree que un creyente debe hacer cuando se pone tan bajo que ellos creen que no pueden salir de su rutina: cometen-el-pecado, piden perdón, cometen-el-pecado, piden perdón otra vez, y así sucesivamente? ¿Qué le dice a un cristiano en crecimiento que cree que un área o tema es tan difícil para ellos que piensan que no pueden superarlo?

3. **"La clave para el éxito en la lucha es la perseverancia. Su primera y última lección es nunca darse por vencido".** Al hablar de las luchas entre la carne y el Espíritu con los creyentes de Galacia, Pablo resume su enseñanza de esta manera:

Gálatas 6:7-10 – No os engañéis; Dios no puede ser burlado: pues todo lo que el hombre sembrare, eso también segará. Porque el que siembra para su carne, de la carne segará corrupción; mas el que siembra para el Espíritu, del Espíritu segará vida eterna. No nos cansemos, pues, de hacer bien; porque a su tiempo segaremos, si no desmayamos. Así que, según tengamos oportunidad, hagamos bien a todos, y mayormente a los de la familia de la fe.

Pablo dice que no debemos cansarnos de hacer el bien. En otras palabras, no debemos renunciar antes de que obtengamos nuestras metas, espiritualmente hablando. Él prometió a los creyentes de Galacia que iban a cosechar los frutos de su sacrificio si no se daban por vencidos. Todo en su guerra dependía de ellos practicando lo que habían llegado a conocer, poner en práctica las lecciones de fe que Pablo les había enseñado. Si se negaban a renunciar, les prometió que iban a cosechar los frutos de su esfuerzo.

Al pensar en usted mismo, ¿qué cosas le causan más problemas, que se las causan, más que nada, querer renunciar, ceder y renunciar de luchar? ¿Qué puede hacer para asegurarse de "mantenerse en la lucha" y resistir la tentación de renunciar y ceder ante el pecado, la mentira, y la tentación?

Conexión

Sí, por la fe que ha sido liberado del reino de las tinieblas, y se le ha trasladado al reino de nuestro Señor Jesucristo. Debido a esto, usted es un guerrero espiritual, un soldado de Cristo, un enemigo de las fuerzas "cósmicas" de este mundo de oscuridad. Aunque estos enemigos quieren atrapar y perjudicar a través de sus mentiras, falsedades y engaños, se puede aprender, por la fe y la práctica, a discernir y derrotarlos. Mediante la práctica constante puede aprender a distinguir entre lo que es bueno y lo que es malo (Heb. 5:11-14). No tenga miedo. Al ponerse la armadura de Dios, aprenda las verdades de la Escritura, y viva en consonancia con el testimonio de Dios acerca de nosotros mismos, maduraremos.

> El diablo tratará de despertarlo y provocarle, pero él va a huir en el momento de comenzar a orar. Y, sobre todo, tratará de realizar un trabajo útil. Al hacer esto, el diablo se le impide tener acceso a usted.
>
> ~ Thomas á Kempis.
> Richard J. Foster and James Bryan Smith, Eds.
> *Clásicos devocionales: Edición Revisada:*
> *Lecturas seleccionadas para individuos y grupos.*
> Renovare, Inc. (HarperCollins Publishers), Nueva York. 1993. p. 152.

¿Cómo sucederá esto? Ya que la táctica del enemigo más común es hacernos creer y actuar sobre las mentiras que escuchamos, nuestra mayor arma (y nuestra mayor armadura contra su ataque) es afirmar la verdad. Cada creyente debe ponerse la armadura de Dios, mantenerse en alerta a las falsedades que enfrenta, y resistir esas mentiras recitando y abrazando la verdad de Cristo. ¿Qué áreas de su vida hoy necesitan ser repensadas y reconsideradas a la luz de la verdad, es decir, lo que las Escrituras enseñan al respecto? ¿Qué cosas son incoherentes con la verdad en Cristo? Reflexione sobre la triple estrategia de Pablo de vivir en la verdad:

> Mas vosotros no habéis aprendido así a Cristo, si en verdad le habéis oído, y habéis sido por él enseñados, conforme a la verdad que está en Jesús. En cuanto a la pasada manera de vivir, despojaos del viejo hombre, que está viciado conforme a los deseos engañosos, y renovaos en el espíritu de vuestra mente, y vestíos del nuevo hombre, creado según Dios en la justicia y santidad de la verdad.
>
> ~ Efesios 4:20-24

Este porción de la Escritura da una idea de cómo podemos pelear la buena batalla de la fe con eficacia. En primer lugar, despojándose del viejo hombre (con mentiras y engaños); segundo, ser renovados en el espíritu de nuestra mente (dígase la verdad sobre esa área); y tercero, vístase del nuevo hombre (actúe en consonancia con la verdad hasta formar nuevos hábitos de su forma de pensar, hablar y actuar en torno a ese tema). Medite en la instrucción de Pablo a los Efesios, y aplíquelo a diario.

¿En qué áreas ha luchado en "despojarse del viejo hombre (con sus mentiras y engaños)"? En esas áreas, ¿de qué debe despojarse? ¿cómo va a renovar su mente? ¿Cómo hay que "ponerse el nuevo yo"? Pídale al Espíritu sabiduría y gracia, y él le dará discernimiento en su lucha por la verdad en estas áreas.

Afirmación

Dios me ha dado armas para luchar y así debo crecer en mi habilidad como soldado de Cristo a través de la práctica de las disciplinas espirituales en la iglesia, diciendo a mí mismo la verdad, y negarme a creer las mentiras.

Oración

Teresa de Cepeda y Ahumada (1515 – 1582) fue una española que comenzó a servir a Cristo como monja a la edad de 20 años. Era muy devota y tenía una habilidad única para escribir sobre su vida espiritual. Su obra más famosa sobre el tema de la oración es "Castillo interior" en la cual escribió sobre su encuentro íntimo con Dios.

Oración de entrega, de Teresa de Ávila

Gobierna todo con sabiduría, oh Señor, y que mi alma te sirva
mientras haces Tu voluntad, y no lo que yo deseo hacer. No me castigues,
te suplico, dándome lo que deseo o pido, si ofende tu amor,
el cual siempre vive en mí. Que muera a mí misma, para que te pueda servir,
a tí que eres la verdadera vida. Amén.

~ Don L. Davis. *La búsqueda del peregrino.*
Wichita, KS: The Urban Ministry Institute, 2010, p. 98.

Grito del corazón de Dios

Eterno Dios, Señor y Maestro, muchas gracias por tu gracia increíble al suplirnos la armadura que puede protegernos y equiparnos al encontrarnos con nuestros enemigos en este mundo. Tú no nos dejas sin ayuda en esta gran lucha para que tu reino reine. Tenemos el Espíritu Santo, el perdón por la sangre de Cristo, las armas de luz, y la verdad de las Escrituras, Su Palabra. Hemos sido colocados en su familia, tenemos la maravillosa promesa y esperanza de la vida eterna, y se nos han dado los dones de tu Espíritu Santo. Ayúdanos, ahora querido Padre, para usar estos regalos maravillosos, para abrazar la promesa de la vida eterna, y para huir de todas las mentiras, locura, y falsedades a medida que aprendemos a caminar en la verdad. Danos la fuerza para representar con honor al tomar toda la armadura de Dios, y aprender a nunca darse por vencido, sino a mantenernos firmes, en el día malo. En el nombre de Jesús oro, amén.

Para más estudio

En www.tumi.org/sacredroots, tenemos una sección dedicada a los recursos adicionales por escrito y video.

William J. Backus. *Decirte a ti mismo la verdad.* Grand Rapids, MI: Bethany House Publishers, 2000.

Para la próxima sesión

En la siguiente sesión, explorará ***La resistencia que mostramos*** incluyendo los siguientes temas:
1. Debemos estar alerta y no quedar atrapados al bajar la guardia.
2. El Espíritu Santo nos ayuda en la batalla a través de la oración.
3. Ayudamos a otros creyentes en su lucha.

Memorización de la escritura

2 Corintios 10:4

Asignaciones

1. El enemigo nos miente, por lo que necesitamos volver a afirmar la verdad. Haga una lista en su diario de todas las mentiras que el enemigo le ha dicho recientemente: mentiras acerca de su salvación, mentiras sobre Dios, mentiras sobre usted, mentiras sobre los demás. Escriba por qué estas mentiras son falsas. Trate de encontrar pasajes que contradicen estas mentiras, expresando las verdaderas demandas de Dios sobre esas áreas.
2. Otra forma de pelear la buena batalla de la fe es a través de la disciplina de la confesión. Tome 10 minutos para orar, pidiendo a Dios que le muestre cualquier forma de pecado que usted necesita confesar a Dios. Después de preguntar, quédese en silencio y escuche. Si él trae pecados a la mente, simplemente esté de acuerdo con Dios y no debe poner excusas. Luego reciba su misericordia y perdón, otorgados por la sangre de Cristo derramada.
3. Encuentre un cristiano maduro y pregúntele acerca de su experiencia en la confesión y recibir el perdón. Confiésele sus pecados y pida palabras y oraciones de perdón y sanidad del hermano/hermana en Cristo.

Lección 9

LA RESISTENCIA QUE MOSTRAMOS
La perseverancia de los santos

> Orando en todo tiempo con toda oración y súplica en el Espíritu, y velando en ello con toda perseverancia y súplica por todos los santos.
>
> ~ Efesios 6:18

Objetivos

Al final de esta sesión, usted debe comprender *La resistencia que mostramos* al creer que:
- El principio central de crecer en Cristo es aprender a perseverar, permanecer alerta, y no quedar atrapado al bajar la guardia; debemos presionar y continuar hacia adelante por el premio, no importa lo difícil que puede llegar a ser.
- El Espíritu Santo nos da poder para permanecer fieles a nuestra vocación y compromiso al ayudarnos en nuestras batallas al perseverar en la oración.
- A medida que nos mantenemos fieles a Cristo, y representamos fielmente nuestra vocación, podemos ser útiles para fortalecer a otros creyentes en su lucha.

Oración de apertura por sabiduría

Eterno Dios, mi Padre, dices en tu Palabra que eres la fuente de todo conocimiento y sabiduría. Reconozco esto como la verdad, querido Padre, y pido que impartas en mí la sabiduría divina, para que pueda ser capaz de usar bien la Palabra de verdad (2 Timoteo 2:15). Por favor, instrúyeme y enséñame el camino que debo seguir (Salmo 32:8), y dirige mis pasos. Inclina mi oído para escuchar tu voz, y corrígeme ahora en mi forma de pensar y hablar, y guíame cuando he ido por mal camino.

Padre, concédeme el don de discernimiento, y permíteme mientras estudio conocer la diferencia entre las enseñanzas piadosas e impías, espíritus y dones. Muéstrame por el Espíritu Santo lo que su voluntad es, y me dé una idea de cómo puedo llevar a cabo sus intenciones con todo mi corazón.

Querido Señor, por favor ayúdame a ser pronto para oír y oír, tardo para hablar, tardo para la ira (Santiago 1:19). Que las palabras de mi boca y los pensamientos de mi corazón sean aceptables a tus ojos. Permíteme hablar su verdad con sabiduría, a fin de que todos aquellos con los que hablo puedan entender y ser beneficiados por tu verdad.

Enséñame ahora en este estudio al recibir tu Palabra e instrucción. Pido estas cosas en el fuerte nombre de Jesús, mi Señor y Salvador, amén.

Contacto

1. **"¿Por qué tantos cristianos, incluso los pastores, dan la espalda a su fe?"** Hoy en día, muchas personas que profesan conocer a Jesús como Señor están abandonando su fe, abandonando la iglesia, y renunciando a su vocación espiritual en Cristo. Esto es cierto no sólo para las personas comunes y corrientes que se sientan en las bancas/sillas de la iglesia, sino también para los que están en el púlpito. Un número récord de iglesias se están cerrando, y muchos ministros están dando la espalda a las Escrituras y a Cristo. Muchos están tratando de explicar este patrón, mientras que otros tratan de detener este flujo hacia el exterior haciendo un cristianismo más "divertido" y más "irrelevante" ¿Por qué cree usted, que en un momento como este, muchos están dejando las iglesias organizadas, e incluso profesan ya no creer en Cristo?

2. **"Ha sido duro, y me siento tan decepcionado de mí mismo. ¡De hecho, he pensado en volver atrás e ir a mi antigua vida!"** Muchos creyentes jóvenes a menudo se encuentran en un ciclo de arriba a abajo que va entre los altos tiempos de compromiso y amor por Cristo a los bajos tiempos de tentación y el compromiso con lo que creen. Puede ser muy desalentador para un nuevo creyente o un cristiano que está creciendo en caer en varias ocasiones, y luego, levantarse después de cada caída y seguir adelante. En respuesta a este ciclo, la Escritura dice: Porque siete veces podrá caer el justo, pero otras tantas se levantará; los malvados, en cambio, se hundirán en la desgracia" (Pr. 24:16, NVI). La vida cristiana es tremendamente valiosa, pero no es fácil. ¿Por qué es importante para un discípulo en crecimiento ser paciente con ella o él mismo a medida que continúa en su caminar con Dios?

3. **"Aprendemos la obediencia de la manera en que Jesús lo hizo a través de las cosas que sufrió".** Una de las lecciones más duras para un nuevo creyente de aprender es que la vida cristiana no fue diseñada para ser completamente libre de lucha, dificultades y problemas. Podemos sentirnos traicionados cuando nos enteramos de lo que dijo el salmista en el Salmo 34:19: "Muchas son las aflicciones del justo, pero de todas ellas le librará Jehová". Si fuéramos honestos, preferiríamos nunca luchar, y preferir evitar toda forma de aflicción y de prueba. Algunos de nosotros nos sentimos heridos, e incluso engañados cuando nosotros, como hijos amados de Dios, tenemos que soportar tantas angustias y calamidades. Y, cuando usted es un cristiano nuevo, puede que le resulte difícil perseverar con confianza en medio de esas dificultades.

Sin embargo, las Escrituras nos aseguran que esta fue la manera cómo Cristo aprendió sus lecciones: "Y Cristo, en los días de su carne, ofreciendo ruegos y súplicas con gran clamor y lágrimas al que le podía librar de la muerte, fue oído a causa de su temor reverente. Y aunque era Hijo, por lo que padeció aprendió la obediencia" (Heb. 5:7-8). ¿Cómo el ejemplo de Cristo nos puede proporcionar esperanza al aprender a soportar pacientemente nuestros propias pruebas particulares en nuestro peregrinaje de la fe?

Contenido

En la última sesión (*El equipo que utilizamos*) aprendió sobre las armas de nuestra milicia. En esta sesión se le anima a desarrollar la perseverancia y la resistencia en la buena batalla de la fe.

Para soportar algo, no debemos huir de él. Debemos determinar en nuestros corazones seguir un curso de acción que es consistente con lo que creemos y sabemos. No hay que rendirse o darse la vuelta. Incluso si se pone difícil, preocupante y desalentador, preparamos nuestras mentes para continuar, para seguir adelante, confiando en la promesa de Dios y esperar su liderazgo y fortaleza. La perseverancia es, pues, una especie de santa testarudez, la negativa a autorizar a las pruebas y situaciones a que nos desalienten para que demos la espalda a nuestra fe. La perseverancia dice, "No importa qué, pero no voy a abandonar mi compromiso con el Señor".

A través del ánimo de otros creyentes, la oración en el Espíritu Santo, y la creencia en las promesas de Dios, podemos seguir adelante en alcanzar nuestras metas en Cristo. Podemos honrar nuestro compromiso con el Evangelio y el Reino de nuestro Señor Jesucristo resucitado sólo si perseveramos. Podemos ganar, si no nos damos por vencidos.

La perseverancia de la buena batalla de la fe, por lo tanto, se puede ilustrar con el ejemplo de los soldados, atletas, y los agricultores (2 Tim. 2:1-8). Los soldados deben aprender a soportar las dificultades, a menudo prescinden durante largos períodos de tiempo, estando fatigados o cansados, o estar en peligro. Los atletas entrenan bajo todo tipo de condiciones meteorológicas y, se desafían a sí mismos, incluso cuando están cansados y adoloridos. Los agricultores esperan pacientemente la cosecha, a pesar de que ellos no pueden controlar los elementos y las condiciones del clima y los cultivos.

Como estos ejemplos, así nosotros tenemos que soportar. Debemos estar dispuestos a probar cosas y fracasar, y aún intentarlo de nuevo, sabiendo que en última instancia, la batalla es del Señor. Podemos sembrar semillas, ser pacientes, y aprendemos a esperar en el Señor. Si lo hacemos, Dios traerá la cosecha a su debido tiempo.

> La oración es ante todo un *walkie-talkie* (radio de onda corta) de tiempos de guerra para la misión de la iglesia a medida que avanza contra los poderes de las tinieblas y la incredulidad. No es de extrañar que la oración no funciona cuando tratamos de que sea un intercomunicador doméstico para llamar arriba para más comodidad en la guarida. Dios nos ha dado la oración como un *walkie-talkie* (radio de onda corta) de tiempos de guerra para que podamos llamar a la sede para todo lo que necesitamos mientras avanza el reino de Cristo en el mundo.
>
> ~ John Piper. *Deje que las naciones se alegren*.
> Grand Rapids, MI: Baker Academic, 2010, p. 65.

El resistencia que mostramos
Lección 9 Estudio bíblico

Lea los siguientes pasajes y conteste brevemente las preguntas asociadas a cada enseñanza bíblica.

1. *Los obstáculos y enemigos tratan de impedir a los creyentes desde el cultivo hasta la madurez y dar fruto para Cristo.* Lea Mateo 13:1-9 y 13:18-23. Enumere las cuatro situaciones de las semillas, y que coincida la declaración con la descripción.

    a. Las semillas que cayeron a lo largo del camino   ___Ellas surgieron, se quemaron, y se marchitaron

    b. Las semillas en terreno rocoso   ___Fueron ahogadas por las espinas entre ellos

    c. La semilla que cayó entre espinos   ___Las aves vinieron y devoraron las semillas

    d. La semilla que cayó en tierra buena   ___Produjo granos, algunos 30, a 60, y 100 por uno

2. *Puesto que estamos rodeados de tantos que han perseverado en la fe, debemos dejar a un lado todo lo que nos pueda impedir, y permitir que Jesús nos ayude a ejecutar nuestro curso completo.* Lea Hebreos 12:1-11. Llene los espacios en blanco.

    a. Ejecutar con _____ la carrera que tenemos por delante (v. 1).

b. Es por la disciplina que soportamos las dificultades; cuando usted está siendo disciplinado, Dios os trata como a _____ (v. 7).

c. Toda disciplina parece dolorosa, pero más tarde produce _____ a aquellos que están entrenados por ella (v. 11).

3. *Podemos aprender a perseverar al recordar la fidelidad de los creyentes que sufrieron bajo presión en medio de las pruebas.*

   a. Lea 1 Cor. 10:1-13. ¿Cómo son los ejemplos de los creyentes en la Escritura significativos para enseñarnos sobre la perseverancia en la fe?

   b. Lea Job 23:8-14. ¿Qué podemos aprender acerca de las actitudes apropiadas durante la prueba de la experiencia de Job y reacción hacia sus pruebas y problemas?

4. *La oración es el antídoto de Dios y provisión para todo cristiano que se encuentra a sí mismo en el dolor o lucha en tiempos difíciles.* Busque los siguientes pasajes y que coincidan con la descripción correcta.

   a. Lucas 18:1-8   ___Pedir, buscar y llamar en oración, y Dios proveerá

   b. 1 Tes. 5:17; Rom. 12:12   ___Usted necesita resistir; hacer la voluntad de Dios, usted recibe la promesa

   c. Lucas 11:5-13   ___Orad sin cesar

   d. Heb. 10:36-38   ___Deberíamos de orar siempre, y nunca darse por vencido

   e. Ef. 6:18   ___Orando en toda ocasión, para vendar las piezas de la armadura

5. *Los creyentes nunca deben darse por vencido, sino para fortalecerse constantemente el uno al otro en nuestra fe en medio de la prueba.* Lea Judas 20-25 y llene los espacios en blanco.

   a. Judas dice que debemos _____ en nuestra fe y orar en el _____ mientras esperamos la misericordia del Señor, que conduce a la vida eterna.

b. _____, esperando la misericordia de nuestro Señor Jesucristo, que lleva a la vida eterna.

6. *Cuando sembramos para el Espíritu y perseveramos, podemos obtener una buena cosecha, pero sólo si no se rinde.* Lea Gálatas 6:7-10. Llene los espacios en blanco.

   a. Dios no puede ser burlado, lo que uno _____ eso también _____.

   b. No se canse de hacer el bien, a su debido tiempo cosecharemos si _____.

7. *Si deseamos vivir una vida piadosa en Cristo, es inevitable que vamos a soportar la persecución, pero Dios nos fortalecerá si permanecemos en su Palabra.* Lea 2 Timoteo 3:10-17 y haga una lista de tres cosas que son verdad sobre aquellos que confían en Cristo en medio de los problemas.

   a.

   b.

   c.

8. *Como discípulos de Jesús, tenemos que aprender a soportar las dificultades como el soldado, el atleta, y el agricultor.* Lea 2 Timoteo 2:1-8. Busque la declaración según la descripción. ¿Cómo estas imágenes nos ayudan a comprender mejor la naturaleza de la vida cristiana?

   a. Lo que me escuchaste decir   ___Coronado de acuerdo con las normas

   b. Compartir en el sufrimiento   ___Encarga a los fieles que enseñen a los demás

   c. Compite como atleta   ___Tiene la primera parte de la cosecha

   d. El labrador que trabaja duro   ___Como buen soldado de Cristo

   e. Acuérdate de Jesucristo   ___Un descendiente de David

9. *No debemos desalentarnos cuando sufrimos pruebas, sino contarlas como puro gozo, sabiendo que Dios los usará para fortalecernos; él nos concederá la sabiduría al pasar por lo que nos enfrentamos.* Lea Santiago 1:2-8 y responda a lo siguiente.

   a. ¿Qué debemos hacer cuando nos encontramos en pruebas de distinto tipo (v. 2)?

   b. ¿Qué sucede cuando la constancia ha producido su efecto completo (v. 4)?

   c. Si nos falta sabiduría para hacer frente a nuestras pruebas y tribulaciones, ¿qué nos aconseja Dios hacer (vrs. 5-8)?

Resumen

Como combatientes en la buena batalla de la fe, estamos llamados a la resistencia, a perseverar hasta el fin. Perseverar es ir a través de algo, a soportarlo, ni ocultar ni huir de él. Como cristianos sirviendo a Cristo en un mundo hostil, nos enfrentamos a la tentación constante de este sistema mundial, la distracción interna de nuestra naturaleza pecaminosa, y el engaño mentiroso del enemigo, el diablo. Estamos bajo el estrés, nos enfrentamos a dificultades, somos incomprendidos. En medio de estas pruebas, hay que tener sumo gozo al sufrir, sabiendo que el Señor las usará para entrenarnos en cómo esperar en él, y depender en su promesa.

Perseverar es ser terco en nuestra fe, pero serlo con santidad y confianza. A menudo no tenemos ninguna idea sobre las razones de nuestras pruebas, pero confiamos en Dios de todos modos. Hay que negarse a permitir que cualquier cosa en que nos encontremos para desalentarnos o herirnos nos haga volver la espalda a Dios. Soportar es confiar en Dios y la provisión para permanecer fieles en nuestro compromiso con el Señor. A medida que avanzamos a través de las pruebas, podemos estar seguros de que Dios suplirá nuestras necesidades – a través de otros creyentes, a través de la oración en el Espíritu Santo, y la consolación de las Escrituras. Al término de este curso, sepa que esto es sólo el comienzo. Siempre es demasiado pronto para renunciar, siempre demasiado pronto para comprometerse. Defienda su posición, y vea como el Señor satisface sus necesidades.

Apéndices

Los apéndices que usted debe estudiar y meditar por su relevancia para esta lección son los siguientes:

La joroba (Ap. 15)
Diseñado para representar: Multiplicando discípulos del Reino de Dios (Ap. 20)
La ética del Nuevo Testamento: Viviendo lo opuesto del Reino de Dios (El principio de lo opuesto) (Ap. 21)
¡Levántese Dios! Siete palabras clave para buscar al Señor y encontrar su favor (Ap. 23)

> Lo que ahora hemos vuelto a descubrir, con una buena dosis de entusiasmo comprensible, es que los mismos principios que se aplican a la ciencia y el atletismo y la música, se aplican igualmente a nuestra experiencia religiosa. Una vez que estaba de moda reclamar la libertad absoluta en la materia, que mira con condescendencia en los que fueron obligados por regla general, pero tal condescendencia ahora está fuera de fecha. No podemos dejar de ver que los que tienen una regla para vivir parecen tener más energía disponible. . . . Estamos empezando a ver la maravillosa verdad que un cristiano es alguien que se aprovecha, llevando el yugo de Cristo y renunciando a la libertad vacía. Vemos un nuevo significado en la enseñanza cristiana de que, mientras que el camino que lleva a la perdición es ancho, el camino que lleva a la vida es intrínsecamente estrecho. El cristiano que ahora conocemos, no es el que hace lo que quiere, sino, en cambio, que trata de agradar al Señor.
>
> ~ Elton Trueblood. *El yugo de Cristo*.
> Waco, TX: Word Books Publisher, 1958, pp. 130-131.

Principio clave

Sé fiel hasta la muerte y yo te daré la corona de la vida (Apocalipsis 2:10).

Estudios de casos

Lea y reflexione sobre los siguientes casos y conceptos, y responda y dé sus puntos de vista para su resolución, basados en los textos que estudió anteriormente.

1. **"Me siento como en una montaña rusa que sube, luego vengo para abajo, subo, luego bajo".** Una persona joven que aceptó al Señor tan sólo unos meses antes, comunicó su frustración con las situaciones y problemas que él se enfrentaba. Había empezado a experimentar tensiones con la gente en su casa, los malentendidos en el trabajo,

y las presiones constantes de las tentaciones, como nunca antes. Este ciclo de eventos había comenzado a desalentar a este joven soldado de Cristo, y él comenzó a preguntarse si en realidad había aceptado a Cristo "de manera correcta". Porque él estaba experimentando tantos asuntos, pensó que era como una montaña rusa que sube, luego va para abajo, subo, luego vengo para abajo. Yo no estoy muy estable en este momento. Me pregunto si estoy haciendo algo mal. Una gran cantidad de cristianos que conozco no están pasando por todo esto que estoy justo ahora". A la luz de los versículos que acaba de estudiar, ¿qué consejo le daría a este nuevo creyente acerca de su situación y de lo que debe hacer al respecto?

2. **"No veo cómo podría hacerlo sin el pueblo de Dios! Ellos hacen toda la diferencia".** Un hermano en el Señor vino a Cristo en la cárcel, e inmediatamente después de su liberación, se comprometió a una iglesia local. Pasó tanto tiempo con los creyentes en la congregación como pudo. Asistió a los servicios y estudios, y se hizo de amigos rápidamente con otros hermanos en la iglesia. Se ofreció como voluntario para servir en diversas actividades de alcance de la iglesia, y él buscó el consejo pastoral sobre asuntos que enfrentó en su vida personal. Durante años, esta asamblea de creyentes se convirtió en su casa, literalmente, su hogar lejos del hogar, y en la reflexión sobre cómo Dios usó al pastor y los creyentes en esa iglesia en su vida, él dijo: "¡No veo cómo podría hacerlo sin el pueblo de Dios! Ellos hacen toda la diferencia. Su apoyo, el amor y el consejo son la razón por la que estoy sirviendo al Señor hoy". ¿Cómo este ejemplo nos ayuda a entender el papel de los otros creyentes en nuestra perseverancia en la fe?

3. **"¿Cuándo van a comenzar a cambiar las cosas? He estado luchando con esta prueba durante mucho tiempo. ¡Hombre, parece como una larga espera!"** A veces la vida cristiana es emocionante, con nuevas lecciones y victorias viniendo una tras otra, produciendo en nosotros sentimientos de sorpresa, emoción y alegría. En otras ocasiones, sin embargo, puede ser lenta y difícil, llena de problemas y pruebas que duran mucho tiempo, sin alivio a la vista. Los creyentes pueden fácilmente desanimarse con rapidéz después de un gran dolor, como sufrir una enfermedad prolongada, la pérdida de un ser querido, o luchar con algún fracaso moral. Una de las lecciones más importantes para la madurez cristiana es aprender a esperar en Dios en medio de la lucha difícil. Necesitamos la gracia de Dios para llevarnos a través de la prueba, para que podamos soportar.

Esta es la razón porqué las disciplinas de la vida cristiana son tan importantes. Independientemente de cómo nos sentimos o cómo van las cosas, tenemos que perseverar en la oración, en comunión con los seguidores de Cristo en una iglesia local, en la Palabra de Dios, y en caminar con el Señor. ¿Por qué es importante no dejar que las cosas que estamos viviendo tengan la última palabra sobre nuestra resistencia a través de la prueba? ¿Por qué es peligroso permitir que nuestras emociones y reacciones a las circunstancias dicten cómo seguimos a Cristo, ya sea en las disciplinas, o en nuestro caminar con otros cristianos en el compañerismo?

> Muchos trastornos nerviosos y emocionales son el resultado acumulado de años de vida auto-indulgente. No estoy pensando en los bebedores o los libertinos, sino en los cristianos respetables que probablemente estarían horrorizados ante la idea de tocar el licor o de caer en la inmoralidad. Pero no dejan de ser indisciplinados, y la debilidad fatal es desenmascarada en el día de la prueba y la adversidad. Un patrón vitalicio de huir de las dificultades, de evitar a las personas incompatibles, de buscar el camino más fácil, de renunciar cuando las cosas se complican por fin se muestra en una neurótica semi-invalidez e incapacidad. Numerosos libros se pueden leer, muchos doctores y predicadores consultar, innumerables oraciones se pueden ofrecer, y compromisos religiosos hacer; el paciente puede ser inundado con medicinas, asesoramiento, tratamiento costoso, y azotes espirituales; sin embargo, ninguno quedó al desnudo a la verdadera causa: la falta de disciplina. Y la única cura real es llegar a ser una persona disciplinada.
>
> ~ Richard Shelly Taylor.
> *La vida disciplinada: Estudios en las bellas artes del discipulado cristiano.*
> Kansas City, MO: Beacon Hill Press, 1962, pp. i-ii.

Conexión

En efecto, el principio central del proceso de crecimiento en Cristo es aprender a perseverar, permanecer alerta, y no quedar atrapado al bajar la guardia. Tenemos que seguir adelante y continuar hacia adelante por el premio, no importa lo difícil que puede llegar a ser. Pero no debe hacer esto solo. Tenemos recursos que nos facultan para soportar fieles a nuestra vocación al perseverar en la buena batalla de la fe. El Espíritu de Dios nos anima – constantemente nos habita, trabaja a través de otros creyentes dotados para animarnos, y nos fortalece en momentos de necesidad. Todo cristiano en crecimiento resiste el estrés y la lucha, las pruebas internas y externas, pero hay que aprender a perseverar. Evalúe sus momentos de oración, en la Palabra, y su participación en su iglesia. ¿Qué cosas quiere el Espíritu Santo que haga con el fin de fortalecer su capacidad de perseverar en sus circunstancias? Seleccione una o dos cosas, comprométase al Señor, y comience hoy, en el poder del Señor, a resistir sus pruebas. Recuerde, usted no está ni solo ni abandonado; todos los discípulos están aprendiendo a soportar (2 Tim. 3:12), y el Señor nunca le dejará ni le desamparará (Sal. 27:1-3). A través del Señor y de su fuerza, puede soportar sus pruebas, y honrar a Cristo en todas las cosas.

Afirmación

A pesar de la oposición que me enfrento, se me ha dado el poder en el Espíritu Santo para estar alerta en todo momento, perseverar hasta el fin y ayudar a otros creyentes a hacer lo mismo.

Oración

John Wesley (1703 – 1791), fue uno de los 19 hijos de Samuel y Susana Wesley (quien era una notable héroe de la fe en sí misma). Como un hombre joven en la universidad, él y sus amigos se unieron para animarse unos a otros a vivir una vida santa, y otros comenzaron a llamarles "metodistas" por su enfoque metódico. Como predicador y organizador incansable, centrándose en la gente común en el campo inglés, los historiadores lo acreditan por salvar al país de una revolución sangrienta. Su impacto se extendió hasta más allá de su muerte, donde muchos predicadores metodistas cruzaban la frontera americana con el mensaje del evangelio.

La oración del pacto de Wesley

No me pertenezco, soy tuyo.
Ponme donde quieras, asóciame con quien quieras
Ponme a trabajar, ponme a sufrir
Sea yo empleado por ti, o desplazado por ti, exaltado por ti o rebajado por ti.
Haz que esté lleno, haz que esté vacío,
Haz que tenga todo, haz que no tenga nada.
Voluntariamente y de corazón cedo todas las cosas por tu placer y
    disponibilidad.
Y ahora, glorioso y bendito Dios, Padre, Hijo y Espíritu Santo,
Tú eres mío y yo soy Tuyo.
Así sea.
Y que este pacto que yo he hecho aquí en la tierra sea ratificado en los cielos.
Amén.

~ Tal como se utiliza en el Libro de las oficinas de la Iglesia Metodista Británica, 1936.

Grito del corazón de Dios

Eterno Dios, Padre de mi Señor Jesucristo, creo en ti como mi Dios y mi Salvador. Me has concedido la vida eterna en tu nombre, y el deseo de que ahora vivo la vida cristiana como lo hizo él, permaneciendo fiel y leal a tí a tu Evangelio y mandamientos. Concédeme la gracia y la ayuda que sólo tu Espíritu Santo puede dar, que a través de tu Palabra, en la oración, a través de la comunión con otros discípulos en adoración y la Cena del Señor, y aferrándome a tí que yo pueda llegar a vivir más plenamente en la vida que me has dado. Ayúdame a nunca darme por vencido, a orar siempre y confiar en tu fuerza, y de procurar tu voluntad con todo mi corazón, con el fin de que seas glorificado, y venga tu reino, donde vivo y trabajo. Te amo, Padre. Ayúdame a perseverar. En el nombre de Jesús, oro, amén.

Para más estudio

En www.tumi.org/sacredroots, tenemos una sección dedicada a los recursos adicionales por escrito y video.

Don L. Davis. *A Compelling Testimony (Un testimonio convincente).* Wichita, KS: The Urban Ministry Institute, 2012. (Este recurso está disponible en *www.tumistore.org.*)

Memorización de la escritura

1 Timoteo 6:12

Asignaciones

1. Haga una lista de todas las luchas, las pruebas y los problemas que está enfrentando en este momento, y encomiende cada uno a Dios. Pídale al Señor sabiduría sobre cómo responder a cada uno, y busque el consejo de su pastor o profesor maduro en cuanto a cómo usted prácticamente y en concreto puede glorificar a Dios en cada situación.
2. Una forma de crecer en su capacidad para pelear la buena batalla de la fe es la práctica de la soledad. Tenemos que aprender a escuchar a Dios en el silencio. Tómese cinco minutos para estar en silencio y esperar en el Señor. No lea ni hable, sólo escuche.
3. Pídale a un amigo cristiano que lo acompañe en este ejercicio: por cada uno de los seis días siguientes, trate de extender gradualmente el tiempo de soledad para que después de una semana, pueda extenderse a una hora de soledad.

Apéndice

APÉNDICE 1

Había una vez
El drama cósmico a través de una narración bíblica del mundo
Rev. Dr. Don L. Davis

De la eternidad y hasta la eternidad, nuestro Señor es Dios
Desde la eternidad, en ese misterio incomparable de la existencia, antes del comienzo de los tiempos, nuestro Dios Trino moraba en perfecto esplendor en comunión eterna como Padre, Hijo y Espíritu Santo, el YO SOY, mostrando sus atributos perfectos en relación eterna, sin necesidad de nada, en santidad, gozo y hermosura ilimitados. De acuerdo con su voluntad soberana, nuestro Dios se propuso en amor crear un universo donde su esplendor pudiese revelarse, y un mundo donde su gloria pudiera mostrarse y donde un pueblo hecho a su propia imagen pudiera habitar, compartiendo en comunión con Él y disfrutando de una relación de unión con Él, y todo para Su gloria.

**Quien, como Dios Soberano, creó un mundo
que al final se rebelaría contra Su gobierno**
Inflamados por la lujuria, la codicia y el orgullo, la primera pareja de humanos se rebeló contra Su voluntad, engañados por el gran príncipe, Satanás, cuyo plan diabólico para suplantar a Dios como gobernador de todo resultó en incontables seres angelicales rebelados contra la voluntad divina en los cielos. Por medio de la desobediencia de Adán y Eva, se expusieron a sí mismos y a su descendencia a la miseria y la muerte, y a través de su rebelión llevaron la creación al caos, el sufrimiento, y el mal. Por causa del pecado y la rebelión, la unión entre Dios y la creación se perdió, y ahora todas las cosas están sujetas a los efectos de esta gran caída—alienación, separación, y condenación se volvieron las realidades principales de todas las cosas. Ningún ángel, ser humano o criatura podría resolver este dilema, y sin la intervención directa de Dios, todo el universo, el mundo y todas sus criaturas estarían perdidos.

**Aun así, en misericordia y amor, el Señor Dios prometió
enviar un Salvador para redimir a Su creación**
Con un amor soberano, Dios se determinó remediar los efectos de la rebelión del universo enviando un Campeón, su único Hijo, quien tomaría la forma de la naturaleza caída, tomaría y derrocaría la separación que tenía de Dios, y sufriría en lugar de toda la humanidad por su pecado y desobediencia. Por fidelidad a su pacto, Dios se involucró directamente en la historia de la humanidad por causa de su salvación. El Señor apareció para ser parte de su creación con el propósito de restaurarla, para derrotar el mal de una vez y para siempre, y para levantar un pueblo mediante el que Su Campeón vendría a establecer su reino en este mundo una vez más.

Por tanto, levantó un pueblo de cual provendría ese Gobernador

Entonces, a través de Noé, salvó al mundo de su propia maldad, a través de Abraham, seleccionó el clan del cual vendría su simiente. A través de Isaac continuó la promesa hecha a Abraham, y a través de Jacob (Israel) estableció su nación, identificando a la tribu de la cual saldría (Judá). Por medio de Moisés liberó a los suyos de la opresión y les entregó las leyes del pacto, y por medio de Josué llevó a su pueblo a la tierra de la promesa. Por medio de jueces y líderes dirigió a su pueblo, y en David hace un pacto de levantar un Rey de su clan que reinaría por siempre. A pesar de su promesa, su pueblo faltó a su pacto una y otra vez. Su constante y terco rechazo por el Señor finalmente les llevó al juicio, la invasión, derrota y cautiverio de la nación. Con toda misericordia, Él recuerda Su pacto y permite que un remanente regrese – pues la promesa y la historia no habían sido consumadas.

Quien descendió del cielo como un campeón, en el cumplimiento del tiempo, y ganó en la cruz

Hubo unos cuatrocientos años de silencio. Aun así, en el cumplimiento de los tiempos, Dios cumplió su promesa al entrar en este reino de maldad, sufrimiento, y separación por medio de la encarnación. En la persona de Jesús de Nazaret, Dios descendió del cielo y vivió entre nosotros, mostrando la gloria del Padre, cumpliendo con los requisitos de la ley moral de Dios, y demostrando el poder del Reino de Dios en sus palabras, sus obras, y expulsión de demonios. En la cruz tomó nuestra rebelión, destruyó la muerte, derrotó al diablo, y resucitó al tercer día para restaurar a la creación de la caída, para ponerle fin al pecado, a la enfermedad y a la guerra, y para otorgar vida eterna a todo aquel que crea en su salvación.

Y pronto, muy pronto, volverá a este mundo y hará nuevas todas las cosas

Luego de ascender a la diestra del Padre, el Señor Jesucristo envió al Espíritu Santo al mundo, formando un nuevo pueblo hecho tanto de judíos como de gentiles, la Iglesia. Enviados bajo su autoridad, testifican en palabras y en hechos del evangelio de reconciliación a toda la creación y sus criaturas. Pronto, Él raerá el pecado, la maldad, la muerte y los efectos de la maldición para siempre, y restaurará a toda la creación que estuvo bajo su gobierno, refrescando todas las cosas en cielos nuevos y tierra nueva, donde todos los seres vivientes y toda la creación disfrutarán el *shalom* del Dios Trino para siempre, para su gloria y honra.

Y los redimidos vivirán felices para siempre . . .

Fin

Apéndice 2

La historia que Dios está contando
Rev. Don Allsman

Título del capítulo	Resumen del capítulo	Tema del versículo
Un intento de golpe (Antes del tiempo) Génesis 1:1a	Dios existe en perfecta armonía antes de la creación. El diablo y sus seguidores se rebelan y traen el mal a existir	En el principio era el Verbo, y el Verbo era con Dios, y el Verbo era Dios. Este era en el principio con Dios. Todas las cosas por él fueron hechas, y sin él nada de lo que ha sido hecho, fue hecho (Juan 1:1-3).
Insurrección (Creación y la Caída) Génesis 1:1b – 3:13	Dios crea al hombre a su imagen, quien después se une a Satanás en rebelión	Por tanto, como el pecado entró en el mundo por un hombre, y por el pecado la muerte, así la muerte pasó a todos los hombres, por cuanto todos pecaron (Rom. 5:12).
Preparándose para la invasión (Patriarcas, reyes y profetas) Génesis 3:14 – Malaquías	Dios lucha por apartar un pueblo propio, de donde saldría un rey para librar a la humanidad, incluyendo los gentiles. Los indicios de sus planes de batalla se insinúan en el camino	Que son israelitas, de los cuales son la adopción, la gloria, el pacto, la promulgación de la ley, el culto y las promesas; de quienes son los patriarcas, y de los cuales, según la carne, vino Cristo, el cual es Dios sobre todas las cosas, bendito por los siglos. Amén. (Rom. 9:4-5).
Victoria y Rescate (Encarnación, tentación, milagros, resurrección) Mateo – Hechos 1:11	El Salvador viene a dar un golpe para desarmar a su enemigo.	Para esto apareció el Hijo de Dios, para deshacer las obras del diablo (1 Juan 3:8b).
El ejército avanza (La Iglesia) Hechos 1:12 – Apocalipsis 3	El Salvador revela su plan de un pueblo asignado a tomar posesión progresiva del enemigo al disfrutar de un anticipo del Reino por venir.	para que la multiforme sabiduría de Dios sea ahora dada a conocer por medio de la iglesia a los principados y potestades en los lugares celestiales, conforme al propósito eterno que hizo en Cristo Jesús nuestro Señor (Ef. 3:10-11).
El conflicto final (La Segunda Venida) Apocalipsis 4 – 22	El Salvador vuelve a destruir a su enemigo, casarse con su novia, y reanuda su legítimo lugar en el trono	Luego el fin, cuando entregue el reino al Dios y Padre, cuando haya suprimido todo dominio, toda autoridad y potencia. Porque preciso es que él reine hasta que haya puesto a todos sus enemigos debajo de sus pies. Y el postrer enemigo que será destruido es la muerte (1 Cor. 15:24-26).
La guerra entre los reinos	El hilo conductor de la narración de la Biblia es la guerra	Los reinos del mundo han venido a ser de nuestro Señor y de su Cristo; y él reinará por los siglos de los siglos. (Ap. 11:15b).

Es un mundo en el que suceden cosas terribles y cosas maravillosas también. Es un mundo en el que la bondad se enfrenta contra el mal, el amor contra el odio, el orden contra el caos, en una gran lucha donde a menudo es difícil estar seguro de quién pertenece a qué lado porque las apariencias engañan. Sin embargo, a pesar de su confusión y lo salvaje, es un mundo en el que la batalla continúa en última instancia hacia el bien, donde se vive para siempre feliz, y donde a largo plazo a todos, buenos y malos por igual, se dan a conocer por su verdadero nombre.

~ Frederick Buechner. *Telling the Truth (Decir la Verdad).*

Apéndice 3
Cómo empezar a leer la Biblia
Rev. Don Allsman y el Rev. Dr. Don L. Davis

1. Lea pasajes individuales, textos, e incluso los libros a la luz del contexto de toda la historia de la Biblia. ¿Cómo encajan en el plan de Dios de redención para ganar todo lo que se perdió en la caída?

2. Observe la situación. Póngase en el entorno, notando lo que está alrededor, las vistas, los olores. Imagínese cómo debe haber sido.

3. Preste atención a las instrucciones, advertencias, instrucciones y a la inspiración que da forma a cómo usted vive y piensa para que pueda buscar primeramente Su Reino.

Maneras de leer a través de la Biblia

Plan de Lectura de la Biblia # 1: Desde Génesis hasta Apocalipsis
1. Comience por leer el libro de Juan. Esto le dará una visión general de la vida Jesús y le ayudará a obtener algunos antecedentes a medida que lea el resto de la Biblia.

2. Vuelva a Génesis 1 y lea de corrido a través de la Biblia.

3. No se atasque en los detalles, pero lea a través de toda la Biblia para disfrutar de su riqueza y variedad. Escriba las preguntas que tenga acerca de las palabras que no entienda o cosas que son confusas para que pueda pedir a alguien o buscar más información de ellos más tarde.

Plan de lectura bíblica # 2: Guía de lectura cronológica
(www.tumistore.org)
También puede leer la Biblia cada año, leyendo diversos libros en el orden en que los eruditos cristianos creen que fueron escritos.

Muchos creyentes leen a través de las Escrituras juntos cada año "cronológicamente" (en el tiempo), tratando de obtener un mayor conocimiento en toda la historia de Dios como se produjeron en orden histórico los acontecimientos

Usted puede adquirir una guía de este esquema de *www.tumistore.org*. Esta simple enumeración de los libros de la Escritura permitirá leer a través de la historia de la Biblia en el orden de cómo los sucesos ocurrieron. Esto le dará una sensación general de la Biblia como un drama que se desarrolla, y no como libros independientes desconectados unos de otros. También ayuda a que los que leen la Biblia cada año mantenerse en el punto principal con respecto a la verdadera materia y tema de las Escrituras: la salvación de Dios en la persona de Jesús de Nazaret, el Cristo.

Esta guía le proporcionará datos valiosos sobre los acontecimientos de la Escritura, y le ayudará a comprender mejor el significado de toda la historia de la salvación maravillosa y gracia de Dios, que culmina en el acontecimiento de Cristo, su muerte, sepultura, resurrección, ascensión y retorno.

Apéndice 4
Jesús de Nazaret: La presencia del futuro
Rev. Dr. Don L. Davis

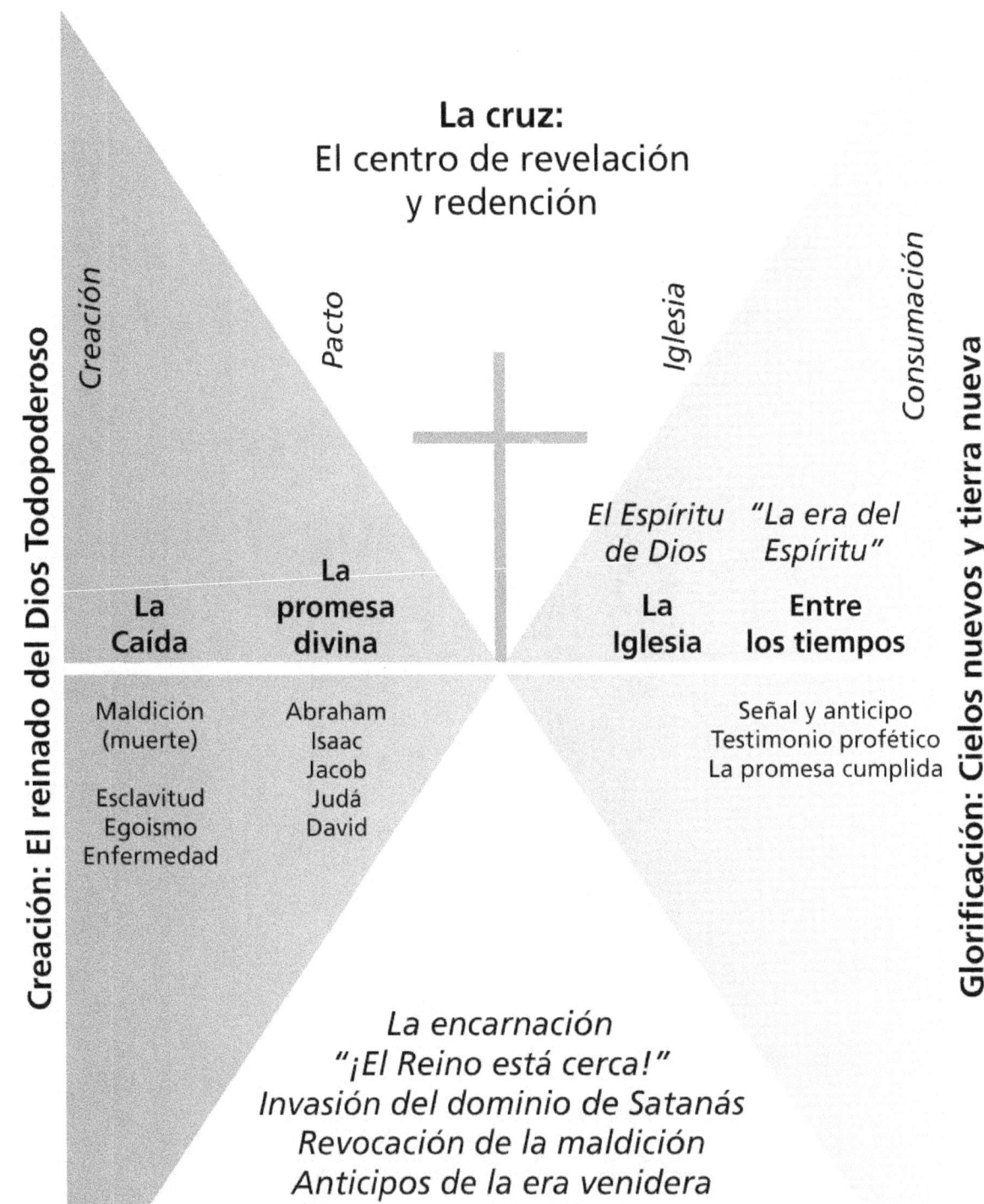

APÉNDICE 5

La Historia de Dios: Nuestras Raíces Sagradas
Rev. Dr. Don L. Davis

El Alfa y el Omega	Christus Victor	Ven, Espíritu Santo	Tu Palabra es Verdad	La Gran Confesión	Su vida en nosotros	Viviendo en el camino	Renacido para servir
El Señor Dios es la fuente, sostén y fin de todas las cosas en los cielos y en la tierra. Porque de él, y por él, y para él, son todas las cosas. A él sea la gloria por los siglos. Amén. Rom. 11:36.							
EL DRAMA DESPLAYADO DEL TRINO DIOS — La auto-revelación de Dios en la creación, Israel y Cristo				**LA PARTICIPACIÓN DE LA IGLESIA EN EL DRAMA DESPLAYADO DE DIOS** — Fidelidad al testimonio apostólico de Cristo y Su Reino			
El fundamento objetivo: El amor soberano de Dios — La narración de Dios sobre su obra de salvación en Cristo				La práctica subjetiva: Salvación por gracia mediante la fe — La respuesta gozosa de los redimidos por la obra salvadora de Dios en Cristo			
El Autor de la historia	*El Campeón de la historia*	*El Intérprete de la historia*	*El Testimonio de la historia*	*El Pueblo de la historia*	*La Re-creación de la historia*	*La Encarnación de la historia*	*La Continuación de la historia*
El Padre como el *Actor Principal* Director	Jesús como el *Actor Principal*	El Espíritu como el *Narrador*	La Escritura como el *Guión*	Como santos, *Confesores*	Como adoradores, *Ministros*	Como seguidores, *Peregrinos*	Como siervos, *Embajadores*
Cosmovisión Cristiana	**Identidad** Común	**Experiencia** espiritual	**Autoridad** Bíblica	**Teología** Ortodoxa	**Adoración** Sacerdotal	**Discipulado** Congregacional	**Testigo** del Reino
Visión teísta y trinitaria	Fundamento Cristo-céntrico	Comunidad habitada y llena del Espíritu	Testimonio canónico apostólico	Afirmación del credo antiguo de fe	Reunión semanal en la asamblea cristiana	Formación espiritual colectiva continua	Agentes activos del Reino de Dios
Voluntad Soberana	Representación mesiánica	Consolador Divino	Testimonio Inspirado	Repetición verdadera	Gozo sobresaliente	Residencia fiel	Esperanza Irresistible
Creador — Verdadero hacedor del cosmos	Recapitulación — *Tipos y cumplimiento del pacto*	Dador de vida — Regeneración y adopción	Inspiración Divina — La Palabra inspirada de Dios	La confesión de fe — Unión con Cristo	Canto y celebración — Recitación histórica	Supervisión pastoral — Pastoreo del rebaño	Unidad explícita — Amor para los santos
Dueño — Soberano de toda la creación	Revelador — Encarnación de la Palabra	Maestro — Iluminador de la verdad	Historia sagrada — Registro histórico	Bautismo en Cristo — Comunión de los santos	Homilías y Enseñanzas — Proclamación profética	Espiritualidad compartida — Viaje común a través de las disciplinas espirituales	Hospitalidad radical — Evidencia del reinado del Reino de Dios
Gobernador — Controlador bendito de todas las cosas	Redentor — Reconciliador de todas las cosas	Ayudador — Dotación y poder	Teología bíblica — Comentario divino	La regla de fe — El Credo Apostólico y El Credo Niceno	La Cena del Señor — Re-creación dramática	Encarnación — *Anamnesis* y *Prolepsis* a través del año litúrgico	Generosidad excesiva — Buenas obras
Cumplidor del pacto — Fiel prometedor	Restaurador — Cristo, el vencedor sobre los poderes del mal	Guía — Presencia Divina y gloria de Dios	Alimento espiritual — Sustento para El viaje	El Canon Vicentino — Ubicuidad, antigüedad, universalidad	Presagio escatológico — El YA y El Todavia No	Discipulado efectivo — Formación espiritual en la asamblea de creyentes	Testimonio evangélico — Haciendo discípulos a todo grupo de personas

APÉNDICE 6

DESDE ANTES HASTA DESPUÉS DEL TIEMPO
El plan de Dios y la historia humana

Adaptado por Suzanne de Dietrich. *God's Unfolding Purpose* (*Desplayando el propósito de Dios*) Philadelphia: Westminster Press, 1976.

I. **Antes de los tiempos (El pasado eterno) 1 Cor. 2:7**
   A. El eterno Dios trino
   B. El propósito eterno de Dios
   C. El misterio de la iniquidad
   D. Los principados y los poderes

II. **El comienzo de los tiempos (Creación y caída) Gén. 1:1**
   A. Palabra creativa
   B. Humanidad
   C. Caída
   D. Reino de muerte y primeras señales de la gracia

III. **Desarrollo de los tiempos (El plan de de Dios revelado por medio de Israel) Gál. 3:8**
   A. Promesa (Patriarcas)
   B. El éxodo y el pacto en Sinaí
   C. Tierra Prometida
   D. La ciudad, el templo, y el trono (Profeta, Sacerdote, y Rey)
   E. El exilio
   F. El remanente

IV. **El cumplimiento de los tiempos (La encarnación del Mesías) Gál. 4:4-5**
   A. El Rey viene a Su Reino
   B. La realidad actual de Su reino
   C. El secreto del Reino: el Ya y el Todavía no
   D. El Rey crucificado
   E. El Señor resucitado

V. **Los últimos tiempos (El descenso del Espíritu Santo) Hch. 2:16-18**
   A. Entre los tiempos: La Iglesia como anticipo del Reino
   B. La iglesia como agente del Reino
   C. El conflicto entre los Reinos de las tinieblas y de la luz

VI. **El cumplimiento de los tiempos (La segunda venida) Mt. 13:40-43**
   A. El regreso de Cristo
   B. El Juicio
   C. La consumación de Su Reino

VII. **Más allá de los tiempos (Futuro eterno) 1 Cor. 15:24-28**
   A. Entrega del Reino a Dios Padre
   B. Dios como el Todo en Todo

Desde antes hasta después del tiempo

Bosquejo de las Escrituras sobre los puntos más importantes

I. Antes de los tiempos (El pasado eterno)

1 Cor. 2:7 - Mas hablamos sabiduría de Dios en misterio, la sabiduría oculta, la cual Dios predestinó antes de los siglos para nuestra gloria (comp. Tito 1:2).

II. El comienzo de los tiempos (Creación y caída)

Gén. 1:1 – En el principio creó Dios los cielos y la tierra.

III. Desarrollo de los tiempos (El plan de de Dios revelado por medio de Israel)

Gál. 3:8 – Y la Escritura, previendo que Dios había de justificar por la fe a los gentiles, dio de antemano la buena nueva a Abraham, diciendo: En ti serán benditas todas las naciones (comp. Rom. 9:4-5).

IV. El cumplimiento de los tiempos (La encarnación del Mesías)

Gál. 4:4-5 – Pero cuando vino el cumplimiento del tiempo, Dios envió a su Hijo, nacido de mujer y nacido bajo la ley, para que redimiese a los que estaban bajo la ley, a fin de que recibiésemos la adopción de hijos.

V. Los últimos tiempos (El descenso del Espíritu Santo)

Hch. 2:16-18 – Mas esto es lo dicho por el profeta Joel: Y en los postreros días, dice Dios, derramaré de mi Espíritu sobre toda carne, y vuestros hijos y vuestras hijas profetizarán; vuestros jóvenes verán visiones, y vuestros ancianos soñarán sueños; y de cierto sobre mis siervos y sobre mis siervas en aquellos días derramaré de mi Espíritu, y profetizarán.

VI. El cumplimiento de los tiempos (La segunda venida)

Mt. 13:40-43 – De manera que como se arranca la cizaña, y se quema en el fuego, así será en el fin de este siglo. Enviará el Hijo del Hombre a sus ángeles, y recogerán de su reino a todos los que sirven de tropiezo, y a los que hacen iniquidad, y los echarán en el horno de fuego; allí será el lloro y el crujir de dientes. Entonces los justos resplandecerán como el sol en el reino de su Padre. El que tiene oídos para oír, oiga.

VII. Más allá de los tiempos (Futuro eterno)

1 Cor. 15:24-28 – Luego el fin, cuando entregue el reino al Dios y Padre, cuando haya suprimido todo dominio, toda autoridad y potencia. Porque preciso es que él reine hasta que haya puesto a todos sus enemigos debajo de sus pies. Y el postrer enemigo que será destruido es la muerte. Porque todas las cosas las sujetó debajo de sus pies. Y cuando dice que todas las cosas han sido sujetadas a él, claramente se exceptúa aquel que sujetó a él todas las cosas. Pero luego que todas las cosas le estén sujetas, entonces también el Hijo mismo se sujetará al que le sujetó a él todas las cosas, para que Dios sea todo en todos.

APÉNDICE 7

LA SOMBRA Y LA SUSTANCIA
Rev. Dr. Don L. Davis

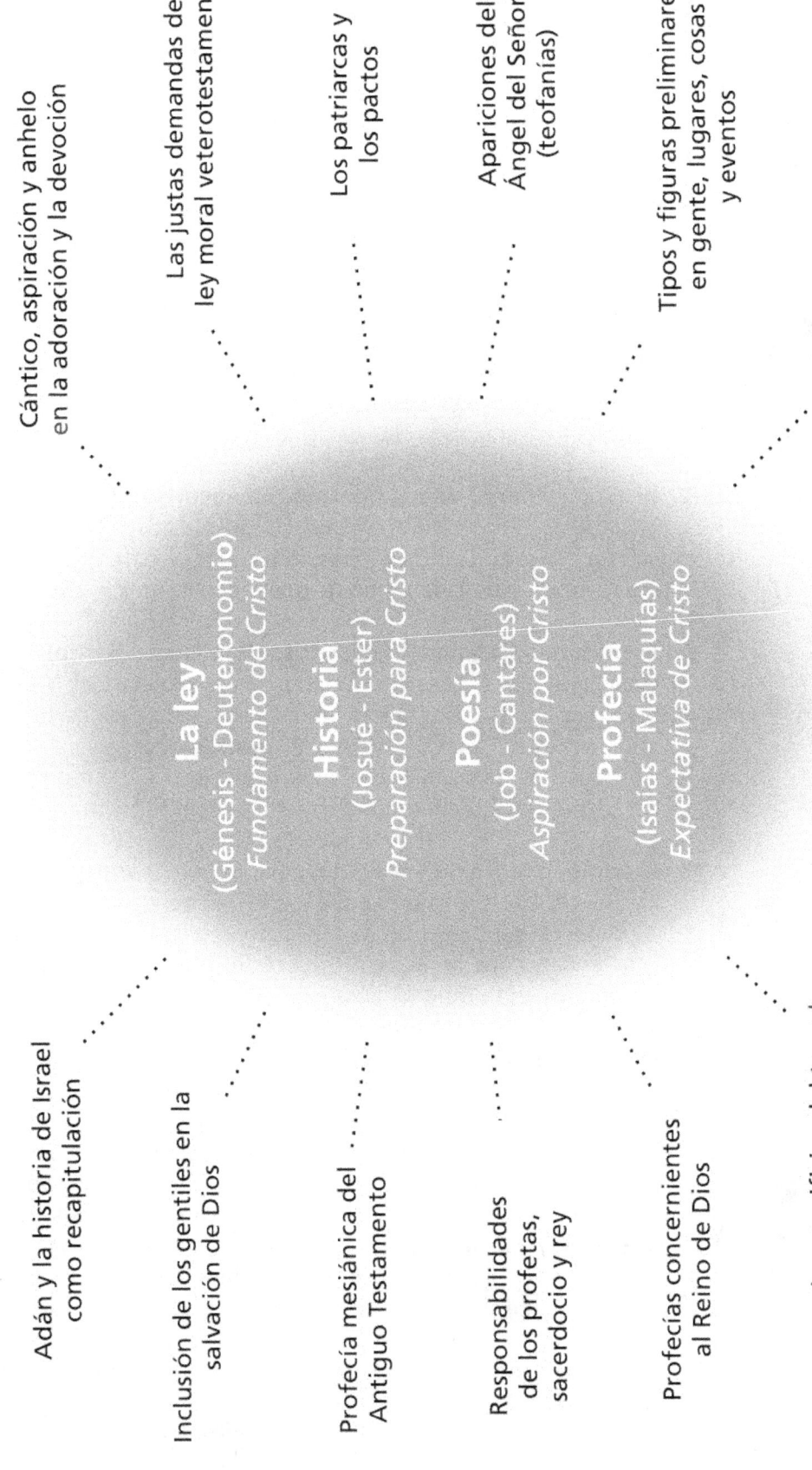

- Adán y la historia de Israel como recapitulación
- Cántico, aspiración y anhelo en la adoración y la devoción
- Inclusión de los gentiles en la salvación de Dios
- Las justas demandas de la ley moral veterotestamentaria
- Profecía mesiánica del Antiguo Testamento
- Los patriarcas y los pactos
- Responsabilidades de los profetas, sacerdocio y rey
- Apariciones del Ángel del Señor (teofanías)
- Profecías concernientes al Reino de Dios
- Tipos y figuras preliminares en gente, lugares, cosas y eventos
- Los sacrificios del templo y las fiestas
- El Tabernáculo

La ley
(Génesis - Deuteronomio)
Fundamento de Cristo

Historia
(Josué - Ester)
Preparación para Cristo

Poesía
(Job - Cantares)
Aspiración por Cristo

Profecía
(Isaías - Malaquías)
Expectativa de Cristo

APÉNDICE 8
En Cristo
Rev. Dr. Don L. Davis

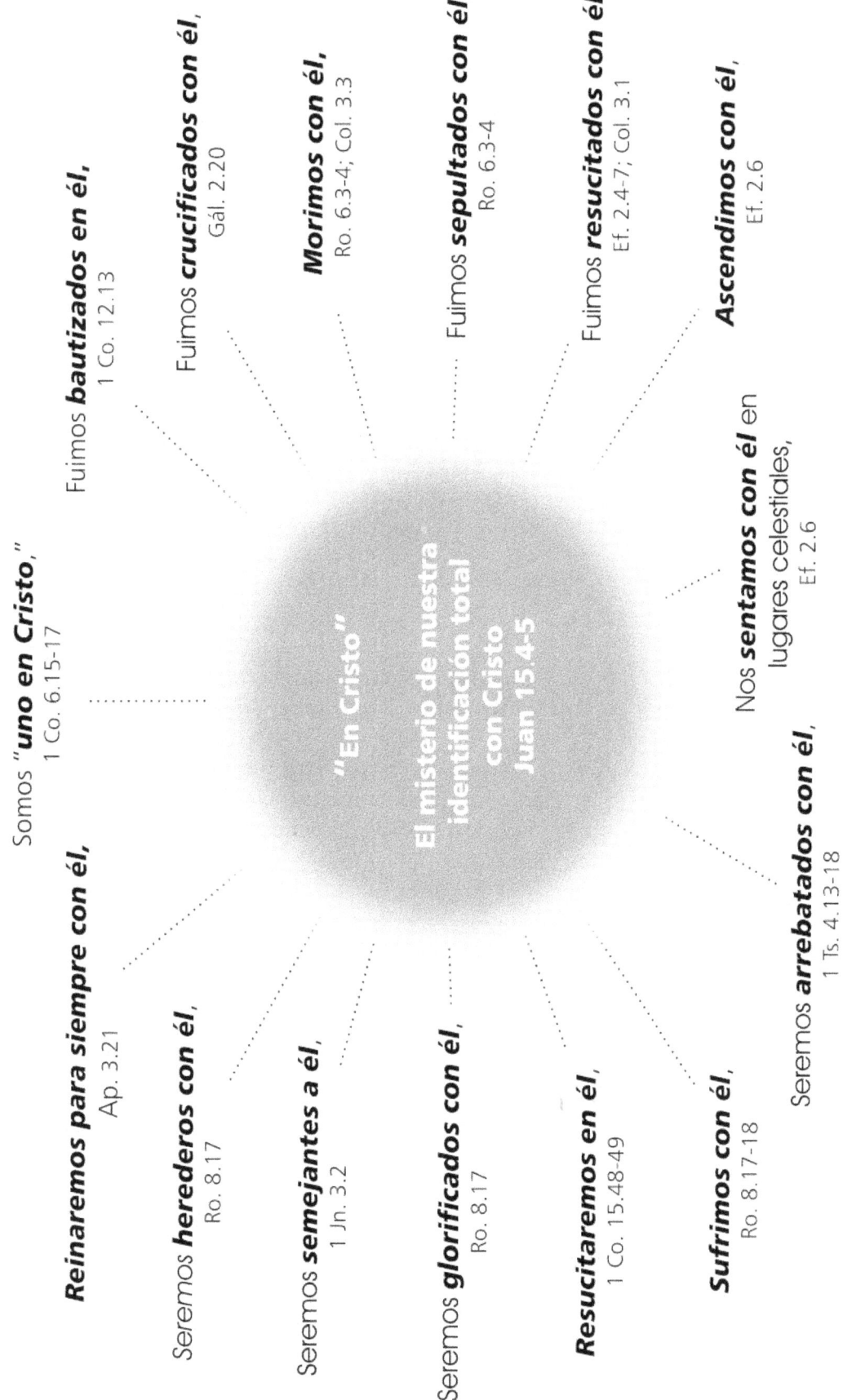

Apéndice 9

Nuestra declaración de dependencia: Libertad en Cristo
Rev. Dr. Don L. Davis

Es importante enseñar la moral cristiana en el ámbito de la libertad que fue ganada para nosotros por la muerte de Cristo en la cruz. Somos libres, y la entrada del Espíritu Santo en la misión y vida de la Iglesia nos permite defender esa libertad que Cristo ganó para nosotros (es decir, Gálatas 5:1, "Es por la libertad con que Cristo os hará libres"). Comprender nuestro deber tiene que estar siempre en el contexto del uso de nuestra libertad para traer la gloria de Dios y avanzar el Reino de Cristo. Junto con algunos textos cruciales sobre la libertad en las epístolas, creo que podemos equipar a otros para vivir para Cristo y su Reino, haciendo hincapié en los "6-8-10" principios de 1ª Corintios, y aplicarlos a todos los asuntos morales.

1. 1 Cor. 6:9-11 – El cristianismo consiste en una transformación en Cristo, no una cantidad de excusas que llevarán a una persona dentro del Reino.

2. 1 Cor. 6:12a – Somos libres en Cristo, pero no todo lo que hacemos es edificante o de ayuda.

3. 1 Cor. 6:12b – Somos libres en Cristo, pero todo lo que es adictivo y tiene control sobre nosotros debe ser contado para Cristo y su Reino.

4. 1 Cor. 8:7-13 – Somos libres en Cristo, pero nunca debemos ostentar de nuestra libertad, especialmente frente a los cristianos cuya consciencia pueda ser afectada y/o estropeada si nos ven haciendo algo que ellos encuentren ofensivo.

5. 1 Cor. 10:23 – Somos libres en Cristo; todo me es lícito, pero no todo conviene; todo me es lícito, pero no todo edifica.

6. 1 Cor. 10:24 – Somos libres en Cristo, y debemos usar nuestra libertad para amar a nuestros hermanos y hermanas en Cristo y pensar en su bienestar (comp. Gál. 5.13).

7. 1 Cor. 10:31 – Somos libres en Cristo, y se les da la libertad para que podamos glorificar a Dios en todo lo que hagamos, ya sea que comamos o bebamos, o cualquier otra cosa que hagamos.

8. 1 Cor. 10:32-33 – Somos libres en Cristo, y debemos usar nuestra libertad para hacer lo que podamos y no ofender a la gente del mundo o la Iglesia, sino hacer lo que se tenga que hacer para ser de influencia, con el propósito que conozcan y amen a Cristo, es decir, para que puedan ser salvos.

Además de estos principios, creo que podemos también enfatizar los siguientes principios:

- 1 Pe. 2:16 – Podemos vivir libres en Cristo como siervos/as de Dios, pero nunca usar nuestra libertad como un pretexto para hacer el mal.

- Jn. 8:31-32 – Nos mostramos nosotros mismos como discípulos de Cristo al permanecer y continuar en su Palabra, y al hacerlo, llegamos a conocer la verdad, y la verdad nos hace libres en él.

- Gál. 5:13 – Como hermanos y hermanas en Cristo, estamos llamados a ser libres, sin embargo, no hay que usar nuestra libertad como una licencia para disfrutar de nuestra naturaleza pecaminosa; más bien, estamos llamados a ser libres para servir a los otros en amor.

Este énfasis en la libertad, en mi opinión, pone todas las cosas en contexto de lo que decimos a los adultos o adolescentes. A menudo, la forma en la cual discipulamos a muchos nuevos creyentes es a través de una taxonomía rigurosa (un listado) de los diferentes vicios y males morales, y esto puede, a veces, darles el sentido de que el cristianismo es una religión anti-actos (una religión de simplemente no hacer las cosas), y / o una fe demasiado preocupada por no pecar. En realidad, el enfoque moral en el cristianismo está en la libertad, una libertad ganada a alto precio, una libertad para amar a Dios y avanzar el Reino, una libertad para vivir una vida entregada al Señor. La responsabilidad moral de los cristianos en las zonas urbanas es vivir libres en Cristo Jesús, vivir libre para la gloria de Dios, y no utilizar su libertad frente a la ley como una licencia para pecar.

El núcleo de la enseñanza, entonces, es centrarse en la libertad ganada para nosotros a través de la muerte y resurrección de Cristo, y nuestra unión con él. Ahora estamos exentos de la ley, el principio de la muerte y del pecado, la condena y la culpabilidad de nuestro propio pecado, y la convicción de la ley sobre nosotros. Servimos a Dios ahora de gratitud y de agradecimiento, y el impulso moral está viviendo libre en Cristo. Sin embargo, no usemos nuestra libertad, sino para glorificar a Dios y amar a otros. Este es el contexto en el que se abordan las cuestiones espinosas de la homosexualidad, el aborto y otros males sociales. Quienes participan en tales actos fingen libertad, pero, a falta de un conocimiento de Dios en Cristo, simplemente están siguiendo sus propias predisposiciones internas, que no son informados por la voluntad moral de Dios o Su amor.

La libertad en Cristo es un banderín de llamada a vivir una vida santa y alegre como discípulos de las áreas urbanas. Esta libertad les permite ver lo creativos que pueden ser como cristianos en medio de la llamada vida "libre" que sólo conduce a la esclavitud, la vergüenza, y al remordimiento.

APÉNDICE 10
El factor Oikos
Rev. Dr. Don L. Davis

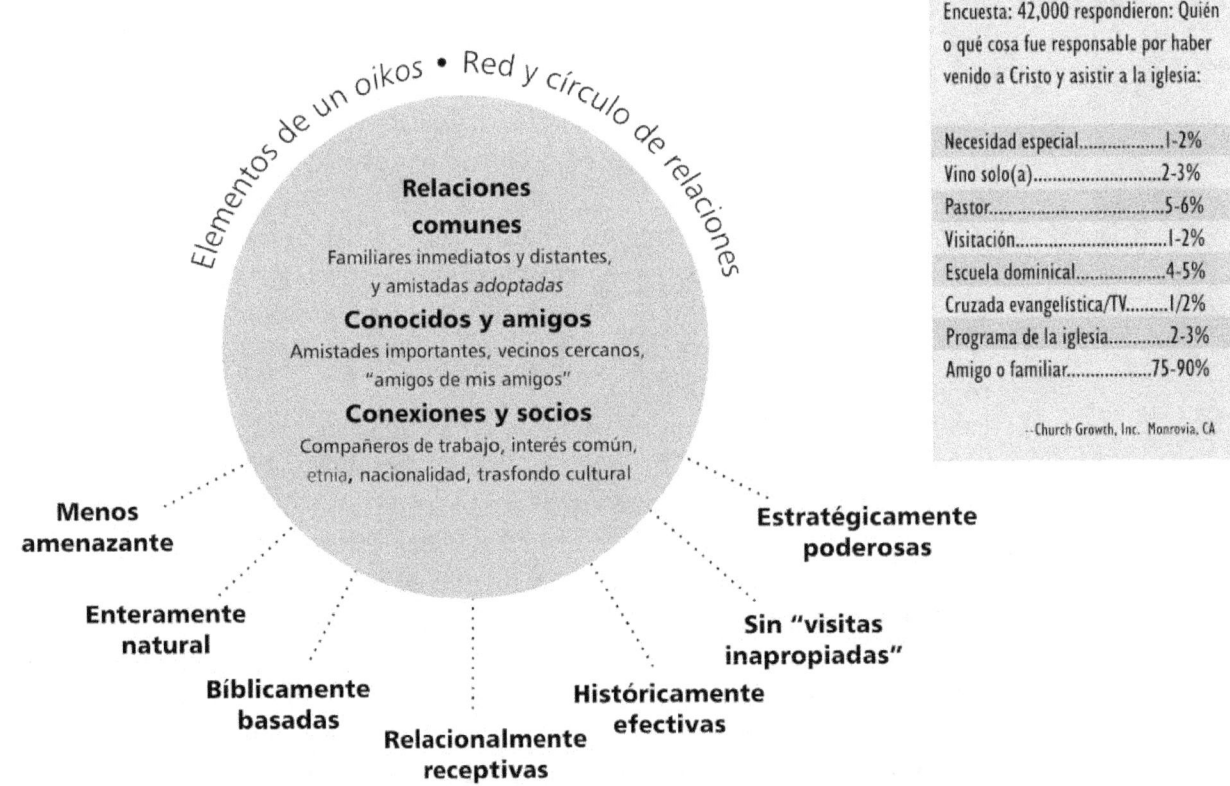

Oikos (hogar) en el AT
"Un hogar usualmente tenía cuatro generaciones, incluyendo hombres, mujeres casadas, hijas solteras, esclavos de ambos sexos, personas sin ciudadanía y "peregrinos" (obreros extranjeros con residencia)". ~ Hans Walter Wolff, Anthology of the Old Testament.

Oikos (hogar) en el NT
La evangelización y discipulado en las narrativas del NT a menudo rastreaba las redes relacionales de una multiplicidad de gente dentro de un *oikoi* (hogar), es decir, las líneas naturales de conexión donde residían y vivían (véase Marcos 5.19; Lucas 19.9; Juan 4.53; 1.41-45, etc.). De Andrés a Simón (Juan 1.41-45), el hogar de Cornelio (Hechos 10-11), y el carcelero de Filipos (Hechos 16) son casos notables de evangelización y discipulado a través de los *oikoi* (plural de oikos).

Oikos (hogar) entre pobres urbanos
Mientras que existen grandes diferencias entre las culturas, las relaciones sanguíneas, grupos de especial interés, y estructuras familiares en la población urbana, es claro que los residentes de los barrios urbanos se conectan más con otros por medio de relaciones, amistades y familia que por la proximidad geográfica y vecindad donde viven. A menudo las amistades más cercanas de los residentes urbanos no son los cercanos en términos de vecindad, sino familias y amistades que viven a algunos kilómetros de distancia. Tomar tiempo para estudiar las conexiones precisas de tales relaciones en un área dada, puede probar ser extremadamente valioso en determinar las estrategias más efectivas para la evangelización y discipulado en el corazón de la ciudad.

APÉNDICE 11
LA TEOLOGÍA DE CHRISTUS VICTOR
Rev. Dr. Don L. Davis

	Lo prometido	La Palabra hecha carne	El Hijo del Hombre	El Siervo Sufriente	El Cordero de Dios	El Conquistador victorioso	El reinante Señor en los cielos	El Novio y Rey que viene
Marco bíblico	La esperanza de Israel sobre el ungido de Jehová quien redimiría a su pueblo	En la persona de Jesús de Nazaret, El Señor ha venido al mundo	Como el rey prometido y el divino Hijo del Hombre, Jesús revela la gloria del Padre y la salvación al mundo	Como inaugurador del Reino de Dios, Jesús demuestra el reinado de Dios presente a través de sus palabras, maravillas y obras	Como Sumo Sacerdote y Cordero Pascual, Jesús mismo se ofrece a Dios en nuestro lugar como sacrificio por los pecados	En su resurrección y ascensión a la diestra del Padre, Jesús es proclamado como victorioso sobre el poder del pecado y la muerte	Mientras ahora reina a la diestra del Padre hasta que sus enemigos estén bajo sus pies, Jesús derrama sus beneficios sobre su Iglesia	Pronto el Señor resucitado y ascendido volverá para reunirse con su novia, la Iglesia, para consumar su obra
Referencias bíblicas	Is. 9:6-7 Jer. 23:5-6 Is. 11:1-10	Jn. 1:14-18 Mt. 1:20-23 Flp. 2:6-8	Mt. 2:1-11 Nm. 24:17 Lc. 1:78-79	Mc. 1:14-15 Mt. 12:25-30 Lc. 17:20-21	2 Cor. 5:18-21 Is. 52-53 Jn. 1:29	Ef. 1:16-23 Flp. 2:5-11 Col. 1:15-20	1 Cor. 15:25 Ef. 4:15-16 Hch. 2:32-36	Rom. 14:7-9 Ap. 5:9-13 1 Tes. 4:13-18
La historia de Jesús	El pre-encarnado unigénito Hijo de Dios en gloria	Su concepción por el Espíritu y su nacimiento por María	Su manifestación a los sabios de oriente y al mundo	Sus enseñanzas, expulsión de demonios, milagros y obras portentuosas	Su sufrimiento, crucifixión, muerte y sepultura	Su resurrección, con apariciones a sus testigos y su ascensión al Padre	El envío del Espíritu santo y sus dones, y la reunión celestial de Cristo a la diestra del Padre	Su pronto regreso del cielo a la tierra como Señor y Cristo: La Segunda Venida
Descripción	La promesa bíblica para la simiente de Abraham, El profeta como Moisés, el hijo de David	Mediante la encarnación Dios ha venido a nosotros; Jesús revela la humanidad la gloria del Padre en plenitud	En Jesús, Dios ha mostrado su salvación al mundo entero, incluyendo a los gentiles	En Jesús, el Reino de Dios prometido ha llegado visiblemente a la tierra, demostrando su atadura de Satanás y la anulación de la maldición	Como cordero perfecto de Dios, Jesús se ofrece a sí mismo a Dios como una ofrenda por el pecado en nombre del mundo entero	En su resurrección y ascensión, Jesús destruyó la muerte, desarmó a Satanás, y anuló la maldición	Jesús es colocado a la diestra del Padre como la Cabeza de la Iglesia, como el primogénito de entre los muertos y el supremo Señor en el cielo	Mientras trabajamos en su cosecha en el mundo, esperamos el regreso de Cristo, el cumplimiento de su promesa
Calendario litúrgico	Adviento	Navidad	Después de la epifanía Bautismo y Transfiguración	Cuaresma	Semana Santa Pasión	La pascua La pascua, el día de la ascensión, pentecostés	Después de pentecostés Domingo de la Santísima Trinidad	Después de Pentecostés El día de todos los santos, el reinado de Cristo el Rey
Formación espiritual	Mientras esperamos su regreso, proclamemos y afirmemos la esperanza de Cristo	Oh Verbo hecho carne, que cada corazón le prepare un lugar para morar	Divino Hijo de Hombre, muestra a las naciones tu salvación y gloria	En la persona de Cristo, el poder del reinado de Dios ha venido a la tierra y a la iglesia	Que los que comparten la muerte del Señor sean resucitados con Él	Participemos por fe en la victoria de Cristo sobre el poder del pecado, Satanás y la muerte	Ven, mora en nosotros Espíritu Santo y facúltanos para avanzar el Reino de Cristo en el mundo	Vivimos y trabajamos en espera de su pronto regreso buscando agradarle en todas las cosas

La venida de Cristo / *El nacimiento de Cristo* / *La manifestación de Cristo* / *El ministerio de Cristo* / *El sufrimiento y muerte de Cristo* / *La resurrección y ascensión de Cristo* / *La reunión celestial de Cristo* / *El reinado de Cristo*

APÉNDICE 12
CHRISTUS VICTOR (CRISTO VICTORIOSO)
Una visión integrada para la vida cristiana y el testimonio
Rev. Dr. Don L. Davis

Para la Iglesia
- La Iglesia es la extensión principal de Jesús en el mundo
- Tesoro redimido del victorioso Cristo resucitado
- *Laos:* El pueblo de Dios
- La nueva creación de Dios: La presencia del futuro
- Lugar y agente del Reino de el YA y el TODAVÍA NO

Para la teología y la doctrina
- La palabra autoritativa de la victoria de Cristo: La tradición apostólica-Las Santas Escrituras
- La teología como comentario sobre la gran narrativa de Dios
- *Christus Victor* como el marco teológico para el sentido en el mundo
- El Credo Niceno: La historia de la triunfante gracia de Dios

Para la vida espiritual
- La presencia y el poder del Espíritu Santo en medio del pueblo de Dios
- Participar en las disciplinas del Espíritu
- Reuniones, el leccionario, liturgia y la observancia del Año Eclesiástico
- Viviendo la vida del Cristo resucitado al ritmo de nuestra vida

Christus Victor
Destructor del mal y la muerte
Restaurador de la creación
Victoria sobre el hades y el pecado
Aplastador de Satanás

Para los dones
- La gracia de Dios se dota y beneficia del *Christus Victor*
- Oficios pastorales para la Iglesia
- El Espíritu Santo da soberanamente los dones
- Administración: Diferentes dones para el bien común

Para la adoración
- El pueblo de Dios: Celebración sin fin del pueblo de Dios
- Recordar y participar del evento de Cristo en nuestra adoración
- Escuchar y responder a la Palabra
- Transformados en la Mesa del Señor
- La presencia del Padre a través del Hijo en el Espíritu

Para la evangelización y las misiones
- La evangelización como declaración y demostración de *Christus Victor* al mundo
- El evangelio como buenas noticias de la promesa del Reino
- Proclamamos que el Reino de Dios viene en la persona de Jesús de Nazaret
- La Gran Comisión: Ir a todas las personas haciendo discípulos de Cristo y Su Reino
- Proclamando a Cristo como Señor y Mesías

Para la justicia y la compasión
- Las expresiones amables y generosas de Jesús a través de la Iglesia
- La Iglesia muestra la vida misma del Reino
- La Iglesia muestra la vida misma del Reino de los cielos aquí y ahora
- Habiendo recibido de gracia, damos de gracia (sin sentido de mérito u orgullo)
- La justicia como evidencia tangible del Reino venidero

Apéndice 13

COMPRENDIENDO LA BIBLIA EN PARTES Y COMO UN TODO
Rev. Don Allsman

La Biblia es la cuenta autorizada del plan de Dios para exaltar a Jesús como Señor de todo, redimir a toda la creación, y vencer a los enemigos de Dios para siempre. El tema de la Biblia es Jesucristo (Juan 5:39-40):

- El Antiguo Testamento es la anticipación y la promesa de Cristo
- El Nuevo Testamento es la culminación y cumplimiento en Cristo

"En el AT el NT se esconde; en el NT el AT se revela".

Elementos de desarrollo de la trama: el comienzo, el aumento de la acción, el clímax, la caída de la acción, la resolución

1. **El comienzo**: Creación y caída del hombre (el problema y necesidad de una resolución), Génesis 1:1 al 3:15

2. **El aumento de la acción**: El plan de Dios revelado a través de Israel (Génesis 3:15 - Malaquías)

3. **El clímax**: Jesús inaugura su Reino (Mateo - Hechos 1:11)

4. **La caída de la acción**: La Iglesia continúa la obra del reino Cristo (Hechos 1:12 - Apocalipsis 3)

5. **La resolución**: Jesús regresa a consumar el reino (Apocalipsis 4-22)

6. **Comentario**: El pueblo de Dios describe sus experiencias para proporcionar sabiduría (La literatura sapiencial: Job, Salmos, Proverbios, Eclesiastés, Cantar de los Cantares)

La Biblia ordenada libro por libro:

Génesis, Éxodo, Levítico, Números, Deuteronomio, Josué, Jueces, Rut, 1-2 Samuel	Historia desde la creación hasta el Rey David
1-2 libro de Reyes	La historia de Israel desde David hasta el exilio
1-2 libro de Crónicas	Varios relatos históricos desde la creación hasta el Exilio
Esdras, Nehemías, Ester	Relatos de Israel en el exilio y su retorno
Job (contemporáneo de Abraham), Salmos (primariamente escritos por David), Proverbios, Eclesiastés, Cantares (Tiempo de Salomón)	Literatura sapiencial
Isaías, Jeremías, Lamentaciones, Ezequiel, Daniel, Oseas, Joel, Amós, Abdías, Jonás, Miqueas, Nahum, Habacuc, Sofonías, Hageo, Zacarías, Malaquías	Escritos de los profetas de Israel desde el tiempo de los reyes hasta el retorno del exilio
Mateo, Marcos, Lucas, Juan	El relato de Jesús de Nazaret (Evangelios)
Hechos, Romanos, 1-2 Corintios, Gálatas, Efesios, Filipenses, Colosenses, 1-2 Tesalonicenses, 1-2 Timoteo, Tito, Filemón, Hebreos, Santiago, 1-2 Pedro, 1-3 Juan, Judas	El relato de la Iglesia después de la ascensión de incluyendo las cartas de instrucción apostólica a la Iglesia (Epístolas)
Apocalípsis	El futuro y el final del tiempo (Regreso de Jesús)

APÉNDICE 14

TREINTA Y TRES BENDICIONES EN CRISTO
Rev. Dr. Don L. Davis

¿Sabía usted que le pasaron 33 cosas en el momento en que se convirtió en un creyente de Cristo Jesús? Lewis Sperry Chafer, el primer presidente del Seminario Teológico de Dallas, hizo una lista de los beneficios de la salvación en su *Teología Sistemática, Volumen III* (pp. 234-266). Estos puntos, junto con explicaciones breves, dan al cristiano nacido de nuevo una mejor comprensión de la obra de la gracia lograda en su vida, así como una mayor apreciación de su nueva vida.

1. En el Plan Eterno de Dios, el/la creyente es:

    a. ***Preconocido/a*** – Hch. 2:23; 1 Pe. 1:2, 20. Dios sabía desde la eternidad cada paso en el programa entero del universo.

    b. ***Predestinado/a*** – Rom. 8:29-30. El destino de un/a creyente ha sido designado a través de la predestinación hacia la realización infinita de todas las riquezas de la gracia de Dios.

    c. ***Elegido/a*** – Rom. 8:38; Col. 3:12. Él/ella es elegido por Dios en la era presente y manifestará la gracia de Dios en años futuros.

    d. ***Escogido/a*** – Ef. 1:4. Dios nos ha apartado para sí mismo.

    e. ***Llamado/a*** – 1 Tes. 6:24. Dios invita a los hombres a gozar de los beneficios de sus propósitos redentores. Este término puede incluir a aquellos a quien Dios ha elegido para salvación, pero que están aún en su estado degenerado.

2. Un/a creyente ha sido ***redimido/a*** – Rom. 3:24. El precio requerido para dejarla/le libre de pecado ha sido pagado.

3. Un/a creyente ha sido ***reconciliado/a*** - 2 Cor. 5:18, 19; Rom. 5:10. Él/ella está restaurado/a en comunión con Dios.

4. Un/a creyente está relacionado con Dios mediante la ***propiciación*** – Rom. 3:24-26. Él/ella ha sido liberado/a del juicio por la gracia de Dios a través de la muerte de Su Hijo por los pecadores.

5. Un/a creyente ha sido ***perdonado/a*** sus ofensas – Ef. 1:7. Todos sus pecados del pasado, presente y futuro han sido perdonados.

6. Un/a creyente está vitalmente **unido/a a Cristo** para que el viejo hombre sea juzgado "y emprenda un nuevo andar"- Rom. 6:1-10. Él/ella está unido a Cristo.

7. Un/a creyente está *"**libre de la ley**"* – Rom. 7:2-6. Él/ella ha muerto a su condenación, y está libre de su jurisdicción.

8. Un/a creyente ha sido hecho/a un ***hijo/a de Dios*** – Gál. 3:26. Él/ella ha nacido de nuevo por la regeneración del poder del Espíritu Santo en una relación en la que Dios, la primera persona se convierte en un Padre legítimo y el/la que ha sido salvo/a se convierte en un/a hijo/a legítimo/a con todo derecho y título - un/a heredero/a de Dios y unido/a a Cristo Jesús.

9. Un/a creyente ha sido ***adoptado/a como un/a hijo/a adulto/a*** en la case del Padre – Rom. 8:15, 23.

10. Un/a creyente ha sido ***aceptable a Dios*** a través de Jesucristo – Ef. 1:6. Él/ella es hecho/a justo/a (Rom. 3:22), santo/a (separado/a) libre (1 Cor. 1:30, 6:11); consagrado/a (Heb. 10:14), y aceptado/a en el reino del Amado (Col. 1:12).

11. Un/a creyente ha sido ***justificado/a*** – Rom. 5:1. Él/ella ha sido declarado/a justo/a por el decreto de Dios.

12. Un/a creyente está *"**hecho/a cercano/a**"* – Ef. 2:13. Hay una cercana relación establecida y existe entre Dios y el creyente.

13. Un/a creyente ha sido ***librado/a de la potestad de las tinieblas*** – Col. 1:13. Un/a cristiano/a ha sido librado/a de Satán y sus espíritus malignos. Sin embargo, el/la discípulo/a debe seguir librando la guerra contra estos poderes.

14. Un/a creyente ha sido ***trasladado/a al reino de su Amado Hijo*** – Col. 1:13. El cristiano ha sido trasladado del reino de Satán al Reino de Dios.

15. Un/ creyente está ***plantado/a sobre la Roca que es Jesucristo*** – 1 Cor. 3:9-15. Cristo es el fundamento en el cual el creyente está anclado y en el que construye su vida cristiana.

16. Un/a creyente es un ***regalo de Dios el Padre a Jesucristo*** – Jn. 17:6, 11, 12, 20. Él/ella es el regalo de amor del Padre a Jesucristo.

17. Un/a creyente está ***circuncidado/a en Cristo*** – Col. 2:11. Él/ella ha sido liberado/a del poder de su antigua naturaleza pecaminosa.

18. Un/a creyente ha sido hecho/a *partícipe del Santo y Real Sacerdocio* – 1 Pe. 2:5, 9. Él/ella es sacerdote/sacerdotiza por su relación con Cristo, el Gran Sacerdote, y reinará en la tierra con él.

19. Un/a creyente es parte del *linaje escogido, nación santa, pueblo adquirido por Dios* – 1 Pe. 2:9. Esta es la compañía que tienen los creyentes en este tiempo.

20. Un/a creyente es un/a *ciudadano/a del cielo* – Flp. 3:20. Por eso él/ella es llamado/a extranjero/a en la tierra (1 Pe. 2:13), y gozará de su verdadero hogar en el cielo por toda la eternidad.

21. Un/a creyente está en *la familia y de la casa de Dios* – Ef. 2:19. Él/ella es parte de la "familia" de Dios la cual se compone sólo de verdaderos/as creyentes.

22. Un/a creyente está en *la comunión con los santos* – Jn. 17:11, 21-23. Él/ella puede ser parte del compañerismo de los creyentes.

23. Un/a creyente está en *una asociación celestial* – Col. 1:27, 3:1: 2 Cor. 6:1; Col. 1:24; Jn. 14:12-14; Ef. 5:25-27; Ti. 2:13. Él/ella es socio/a con Cristo en su vida, posición, servicio, sufrimiento, oración, desposada como una novia a Cristo, esperando su Segunda Venida.

24. Un/a creyente tiene *acceso a Dios* – Ef. 2:18. Él/ella tiene acceso a la gracia de Dios lo que le permite crecer espiritualmente, y tener un acercamiento libre al Padre (Heb. 4:16).

25. Un/a creyente está dentro *de un cuidado "mucho mayor" de Dios* – Rom. 5:8-10. Él/ella es resultado del amor (Jn. 3:16), gracia (Ef. 2:7-9), poder (Ef. 1:19), fidelidad (Flp. 1:6), paz (Rom. 5:1), consolación (2 Tes. 2:16-17), e intercesión de Dios (Rom. 8:26).

26. Un/a creyente es *herencia de Dios* – Ef. 1:18. Él/ella es dado/a a Cristo como un regalo del Padre.

27. Un/a creyente *tiene la misma herencia de Dios mismo* y todo lo que Dios otorga – 1 Pe. 1:4.

28. Un/a creyente tiene *luz en el Señor* – 2 Cor. 4:6. Él/ella no sólo tiene luz, sino también el mandato de andar en luz.

29. Un/a creyente está *unido/a vitalmente al Padre, al Hijo, y al Espíritu Santo* – 1 Tes. 1:1; Ef. 4:6; Rom. 8:1; Jn. 14:20; Rom. 8:9; 1 Cor. 2:12.

30. Un/a creyente es bendecido/a con *las arras o primeros frutos del Espíritu* – Ef. 1:14; Rom. 8:23. Él/ella es nacido/a en el Espíritu (Jn. 3:6), y bautizado/a por el Espíritu (1 Cor. 12:13) por el cual el/la creyente es unido/a al cuerpo de Cristo y está en Cristo, por lo tanto es parte de todo lo que Cristo es. El/La discípulo/a también es habitado/a por el Espíritu (Rom. 8:9), es sellado/a por el Espíritu (2 Cor. 1:22), asegurándose eternamente su condición, y es lleno/a del Espíritu (Ef. 5:18) cuyo ministerio libera su Poder y efectividad en el corazón en que mora.

31. Un/a creyente es *glorificado/a* – Rom. 8:18. Él/ella será partícipe de la historia eterna de la divinidad.

32. Un/a creyente está *completo/a en Dios* – Col. 2:9, 10. Él/ella participa de todo lo que Cristo es.

33. Un/a creyente es *poseedor/a de toda bendición espritual* – Ef. 1:3. Toda la riqueza catalogada en los otros treinta y dos puntos antes mencionados pueden resumirse en esta expresión definitiva: "toda bendición espiritual".

APÉNDICE 15
LA JOROBA
Rev. Dr. Don L. Davis • 1 Timoteo 4:9-16; Hebreos 5:11-14

El/La cristiano/a bebé
El/La nuevo/a creyente y las disciplinas espirituales

- Se siente raro/a
- Falta de habilidad
- Errores
- Rudeza
- Comportamiento esporádico
- Inconformidad
- Ineficiencia
- Rendimiento de novato/a

El/La cristiano/a maduro/a
El/La creyente maduro/a y las disciplinas espirituales

- Aplicación fiel
- Gracia
- Respuesta automática
- Comodidad
- Satisfacción personal
- Excelencia
- Pericia
- Entrena a otros

- Deseo del corazón
- Una meta clara
- Plan realizable
- Apoyo sólido
- Conocimiento correcto
- Esfuerzo fiel
- Buenos ejemplos
- Período extendido de tiempo
- Paciencia

Aplicación correcta de las disciplinas espirituales

APÉNDICE 16
Avanzando al mirar atrás
Hacia una recuperación evangélica de la Gran Tradición
Rev. Dr. Don L. Davis

Redescubriendo la "Gran Tradición"

En un libro maravilloso, Ola Tjorhom[1] describe la Gran Tradición de la Iglesia (a veces llamada la "clásica tradición cristiana") como "viva, orgánica y dinámica".[2] La gran tradición representa el corazón de la fe y práctica evangélica, apostólica y católica (universal) que llegó a fructificar en gran medida entre los años 100-500 A.C.[3] su rico legado y tesoros representan la confesión de la Iglesia de lo que ésta siempre ha creído, la adoración que la Iglesia antigua y unánime celebraba y encarnaba, y la búsqueda a la que se aferró y comprometió.

Mientras que la Gran Tradición no puede sustituir a la Tradición Apostólica (e.d., la fuente autorizada de toda la fe cristiana, las Escrituras), ni ensombrecer la presencia viva de Cristo en la Iglesia por medio del Espíritu Santo, aun así tiene autoridad para el pueblo de Dios y le revitaliza. Tiene y puede proporcionarle al pueblo de Dios la sustancia de su confesión y fe. La Gran Tradición ha sido adoptada y afirmada como autoridad por teólogos católicos, ortodoxos, anglicanos y protestantes, tanto antiguos como modernos, puesto que ha producido los documentos seminales, las doctrinas, confesiones y prácticas de la Iglesia (ej., el canon de las Escrituras, las doctrinas de la Trinidad, la deidad de Cristo, etc.).

Muchos eruditos evangélicos hoy en día creen que el camino a seguir para la fe dinámica y renovación espiritual requiere mirar hacia atrás, no con

---

[1] Ola Tjorhom, *Visible Church–Visible Unity: Ecumenical Ecclesiology* (*Iglesia Visible-Unidad Visible: Eclesiología Ecuménica*) y "*The Great Tradition of the Church*" (La Gran Tradición de la Iglesia). Collegeville, Minnesota: Liturgical Press, 2004. Robert Webber definió a la Gran Tradición de esta manera: "[Es] el esquema general de la fe cristiana y la práctica desarrollada a partir de las Escrituras entre el tiempo de Cristo y la mitad del siglo quinto". Robert E. Webber, The Majestic Tapestry (El majestuoso tapiz). Nashville: Thomas Nelson Publishers, 1986, pág. 10.

[2] Ibíd., pág. 35.

[3] El corazón de la Gran Tradición se concentra en las formulaciones, confesiones y prácticas de los primeros cinco siglos de vida y trabajo de la Iglesia. Thomas Oden, a mi juicio, con razón, afirma correctamente que "...la mayor parte de lo que es duradero y valioso en la exégesis bíblica contemporánea fue descubierto por el siglo quinto" (comp. Thomas C. Oden, *The Word of Life* (*La Palabra de Vida*). San Francisco: HarperSanFrancisco, 1989, pág. xi.).

nostalgia por los "buenos viejos tiempos" de una iglesia primitiva libre de problemas, o un intento ingenuo e inútil de imitar su heroico viaje de fe. Por el contrario, mirando la historia con ojo crítico, con un espíritu devoto de respeto por la Iglesia antigua, y un profundo compromiso con las Escrituras, debemos redescubrir a través de la Gran Tradición las simientes de una nueva, auténtica y poderosa fe. Podemos ser transformados al recuperar y ser informados por las creencias y prácticas fundamentales de la Iglesia antes de las horribles divisiones y fragmentaciones en la historia de la Iglesia.

Bueno, si nosotros creemos que debemos por lo menos mirar de nuevo a la Iglesia primitiva y su forma de vida, o mejor aún, estamos convencidos de recuperar la Gran Tradición en aras de la renovación de la Iglesia, ¿qué es exactamente lo que esperamos recuperar? ¿Vamos a aceptar a ciegas todo lo que la Iglesia antigua ha dicho y hecho como "evangelio", simplemente porque estuvo más cerca de los sorprendentes eventos de Jesús de Nazaret en el mundo? ¿Por qué lo viejo en sí mismo?

No. Ni aceptamos todas las cosas sin sentido crítico, ni tampoco creemos que lo viejo, en sí mismo, sea totalmente bueno. La verdad, para nosotros es algo más que ideas o declaraciones antiguas; para nosotros, la verdad se encarnó en la persona de Jesús de Nazaret, y las Escrituras nos dan una confirmación fidedigna y final sobre el significado de su revelación y de la salvación en la historia. No podemos aceptar las cosas simplemente porque se dice que sucedieron en el pasado, o que ha comenzado en el pasado. Asombrosamente, la Gran Tradición argumentó por nosotros para que seamos críticos, para contender por la fe una vez dada a los santos (Judas 3), para abrazar y celebrar la tradición recibida de los apóstoles, arraigada e interpretada por las Santas Escrituras, y expresada en la confesión y la práctica cristiana.

Dimensiones principales de la Gran Tradición

Mientras Tjorhom ofrece su propia lista de diez elementos del contenido teológico de la Gran Tradición que él cree que es digno de reinterpretación y consideración,[4] yo creo que hay siete dimensiones que, desde un punto de vista bíblico y espiritual, nos pueden permitir entender lo que la Iglesia primitiva creía, cómo adoraban y vivían, y las formas en que defendían su fe viva en Jesucristo. A través de su lealtad a los documentos, confesiones,

---

[4] *Ibíd.*, págs. 27-29. Los diez elementos de Tjorhom se discuten en el contexto de su obra en la que también aboga por los elementos estructurales y las implicaciones ecuménicas de la recuperación de la Gran Tradición. Estoy totalmente de acuerdo con la orientación general de su argumento, que, al igual que mi propia creencia, afirma que el interés y el estudio de la Gran Tradición puede renovar y enriquecer a la Iglesia contemporánea en su adoración, servicio y misión.

y prácticas de este período, la Iglesia antigua testificó de la promesa de salvación de Dios en medio de una generación desviada y pagana. El centro de nuestra fe actual y su práctica se desarrolló en esta época, y se merece una segunda (y aún decimosegunda) mirada.

Adaptar, redactar, y extender las nociones de la Gran Tradición de Tjorhom, a continuación enumero lo que considero que es, para empezar, una simple lista de las dimensiones que merecen toda nuestra atención y deseo de recuperación.

1. *La Tradición Apostólica.* La Gran Tradición está enraizada en la Tradición Apostólica, e.d., el testimonio visual de los apóstoles, y la experiencia personal con Jesús de Nazaret, la autoridad de su testimonio de vida y obra se relata en las Sagradas Escrituras, el canon de nuestra Biblia actual. La Iglesia es apostólica, edificada sobre el fundamento de los profetas y los apóstoles, con Cristo mismo como piedra angular. Las Escrituras mismas representan la fuente de nuestra interpretación sobre el Reino de Dios, la historia del amor redentor de Dios encarnado en la promesa a Abraham y los patriarcas, en los pactos y la experiencia de Israel, que culmina en la revelación de Dios en Cristo Jesús, como anunciado por los profetas y explicado en el testimonio apostólico.

2. **Los concilios y credos ecuménicos, especialmente el Credo Niceno.** La Gran Tradición declara la verdad y establece los límites de la fe ortodoxa histórica tal como se define y afirma en los credos ecuménicos de la Iglesia antigua e indivisible, con especial énfasis en el Credo Niceno. Sus declaraciones fueron consideradas una interpretación precisa sobre las enseñanzas de los apóstoles que figuran en la Escritura. Si bien no es la fuente de la propia fe, la confesión de los consejos y credos ecuménicos representan la *esencia de sus enseñanzas*,[5] en especial antes del siglo quinto (donde se articularon y adoptaron prácticamente todas las doctrinas elementales acerca de Dios, Cristo y la salvación).[6]

---

[5] Estoy en deuda con el Dr. Robert E. Webber por esta distinción muy útil entre la fuente y la sustancia de la fe cristiana y la interpretación.

[6] Si bien los siete concilios ecuménicos (junto con otros) son considerados tanto en congregaciones católicas como ortodoxas como de cohesión, son los primeros cuatro concilios los que se han de considerar como las confesiones más importantes de la Iglesia antigua. Otros y yo abogamos por esto, en gran parte porque los primeros cuatro articulan y establecen claramente lo que se ha de considerar la fe ortodoxa respecto a las doctrinas de la Trinidad y la Encarnación (comp. Philip Schaff, *The Creeds of Christendom* (*Los credos de la cristiandad*), v. 1. Grand Rapids: Baker Book House, 1996, pág. 44.). De manera similar, hasta los reformadores magisteriales adoptaron las enseñanzas de la Gran Tradición,

3. ***La antigua regla de la fe.*** La Gran Tradición resumió la esencia de esta fe cristiana fundamental en una regla, e.d., una antigua norma básica de la fe, que fue considerada como la vara con la que las afirmaciones y propuestas relacionadas con la interpretación de la fe bíblica serían medidas. Esta regla, cuando se aplica con reverencia y con rigor, nos permite definir la confesión cristiana principal de la Iglesia antigua e indivisible, expresada claramente en esa instrucción y adagio de Vicente de Lerins: "lo que se ha creído siempre, en todas partes, y por todos".[7]

4. ***La cosmovisión del Cristo victorioso (Christus Victor).*** La Gran Tradición celebra y afirma que Jesús de Nazaret es el Cristo, el Mesías prometido de las Escrituras hebreas, el Señor resucitado y exaltado, y Cabeza de la Iglesia. Sólo en Jesús de Nazaret, Dios ha reafirmado su reinado sobre el universo, después de haber destruido la muerte en su muerte, conquistando a los enemigos de Dios por medio de su encarnación, muerte, resurrección y ascensión, y rescatando a la humanidad de su pena por transgredir la ley. Ahora, resucitado de entre los muertos, ascendido y exaltado a la diestra de Dios, ha enviado el Espíritu Santo al mundo para fortalecer a la Iglesia en su vida y el testimonio. La Iglesia debe considerarse como el pueblo de la victoria de Cristo. A su regreso,

---

y consideraron sus declaraciones más importantes de gran autoridad. En consecuencia, Calvino pudo argumentar en sus propias interpretaciones teológicas que "estos consejos llegarían a tener la majestuosidad que les corresponde; pero mientras tanto la Escritura se destacaría en el lugar más alto, con todas las cosas sujetas a su patrón. De esta manera, estamos dispuestos a adoptar y respetar como santos a los primeros concilios, como los de Nicea, Constantinopla, el primero de Éfeso I, Calcedonia, y similares, que consistían en refutar los errores a la vez que se relacionaban con las enseñanzas de la fe. Pues contienen nada más que la exposición pura y genuina de la Escritura, que los Santos Padres aplicaban con prudencia espiritual para derrotar a los enemigos de la religión que habían surgido" (comp. Juan Calvino, *Institutes of the Christian Religion* (*Institución de la Religión Cristiana*), IV, ix. 8. John T. McNeill, ed. Ford Lewis Battles, trans. Philadelphia: Westminster Press, 1960, págs. 1171-72).

[7] Esta norma, que ha ganado un merecido a favor a lo largo de los años como un claro patrón teológico de la verdad cristiana auténtica, teje tres hilos de evaluación para determinar lo que puede considerarse como ortodoxo o no en la enseñanza de la Iglesia. San Vicente de Lerins, un comentarista teológico que murió antes del 450 D.C., autor de lo que se denomina la "Regla Vicentina, una prueba triple de la catolicidad: *quod ubique, quod semper, quod ab omnibus creditum est* (lo que se ha creído siempre, en todas partes, y por todos). Mediante esta prueba triple de ecumenismo, antigüedad, y consentimiento, la Iglesia puede discernir entre lo verdadero y las falsas tradiciones" (comp. Thomas C. Oden, *Classical Pastoral Care* (*Cuidado Pastoral Clásico*), vol. 4. Grand Rapids: Baker Books, 1987, pág. 243).

consumará su obra como Señor. Esta cosmovisión se expresó en la confesión, predicación, adoración y testimonio de la Iglesia antigua. Hoy en día, a través de su liturgia y práctica del Año de la Iglesia o Año Eclesiástico, la Iglesia reconoce, celebra, encarna y proclama la victoria de Cristo: la destrucción del pecado y del mal y la restauración de toda la creación.

5. *La centralidad de la Iglesia.* La Gran Tradición confiesa confiadamente a la Iglesia como pueblo de Dios. La fiel asamblea de creyentes, bajo la autoridad del Pastor Jesucristo, es ahora el lugar y el agente del Reino de Dios en la tierra. En su adoración, comunión, enseñanza, servicio y testimonio, Cristo sigue viviendo y moviéndose. La Gran Tradición insiste en que la Iglesia, bajo la autoridad de sus subpastores y la totalidad del sacerdocio de los creyentes, es la morada visible de Dios en el Espíritu en el mundo de hoy. Con Cristo mismo como piedra angular, la Iglesia es el templo de Dios, el cuerpo de Cristo, y templo del Espíritu Santo. Todos los creyentes, vivos, muertos, y los que aun no han nacido, constituyen la comunidad única, santa, católica (universal), y apostólica. Los miembros de la Iglesia se reúnen periódicamente con otros creyentes a nivel local para adorar a Dios mediante la Palabra y los sacramentos (ordenanzas), y para dar testimonio de sus buenas obras y la proclamación del evangelio. Al incorporar nuevos creyentes a la Iglesia por el bautismo, ésta encarna la vida del Reino en su comunión, y demuestra con hechos y palabras la realidad del Reino de Dios a través de su vida juntos y en servicio al mundo.

6. *La unidad de la fe.* La gran tradición afirma inequívocamente la catolicidad (universalidad) de la Iglesia de Jesucristo, ocupándose de mantener la comunión y la continuidad de la adoración y la teología de la Iglesia a lo largo de los siglos (Iglesia Universal). Dado que ha habido y sólo puede haber una esperanza, llamado, y fe, la Gran Tradición luchó y se esforzó por la unidad en la palabra, en la doctrina, en la adoración y en la caridad.

7. *El mandato evangélico del Cristo resucitado.* La Gran Tradición confirma el mandato apostólico de dar a conocer a las naciones la victoria de Dios en Jesucristo, proclamando la salvación por gracia mediante la fe en su nombre, e invitando a todos los pueblos al arrepentimiento y a tener fe para entrar en el Reino de Dios. A través de actos de justicia y rectitud, la Iglesia muestra la vida del Reino en el mundo de hoy, y a través de su predicación y forma de vida provee un testimonio y una señal del Reino presente en y para el mundo (sacramentum mundi), y como pilar y baluarte de la verdad. Como evidencia del Reino de Dios y custodia de la Palabra de Dios, la Iglesia se encarga de definir con claridad y defender la fe una vez dada a la Iglesia por los apóstoles.

Conclusión: Encontrando nuestro futuro, mirando hacia atrás

En un momento en el que muchos están confundidos por el ruidoso caos de tantos que pretenden hablar por Dios, es hora de que volvamos a descubrir las raíces de nuestra fe, que volvamos al comienzo de la confesión y la práctica cristiana, y ver si de hecho podemos recuperar nuestra identidad en la adoración y el discipulado de Cristo que cambió el mundo. A mi juicio, esto se puede hacer a través de una apropiación seria y evangélica de la Gran Tradición, esa creencia y práctica básica que es la fuente de todas nuestras tradiciones, ya sea católica, ortodoxa, anglicana o protestante.

Por supuesto, las tradiciones específicas seguirán tratando de expresar y vivir su compromiso con la Tradición Suprema (e.d., las Escrituras) y la Gran Tradición a través de su adoración, enseñanza y servicio. Nuestras diversas tradiciones cristianas ("t" minúscula), cuando tienen su raíz y expresión en la enseñanza de las Escrituras y son guiadas por el Espíritu Santo, seguirán haciendo al evangelio algo claro dentro de nuevas culturas o subculturas, hablando y mostrando la esperanza de Cristo en nuevas situaciones formadas por su propio conjunto de cuestiones a la luz de sus propias y únicas circunstancias. Nuestras tradiciones son esencialmente movimientos de contextualización, es decir que son intentos de hacer de la Tradición Suprema algo simple dentro de los diferentes grupos de personas, en una manera que los guíe fiel y eficazmente a la fe en Jesucristo.

Por tanto, debemos encontrar maneras de enriquecer nuestras tradiciones contemporáneas volviendo a conectar e integrar nuestras confesiones y prácticas contemporáneas con la Gran Tradición. No olvidemos nunca que el cristianismo, en su esencia, es un fiel testigo de los actos salvíficos de Dios en la historia. Como tal, siempre seremos un pueblo que busca encontrar su futuro, mirando hacia atrás en el tiempo en esos momentos de revelación y de acción, donde la Regla de Dios se puso de manifiesto a través de la encarnación, la pasión, la resurrección, la ascensión, y pronta venida de Cristo. Recordemos, pues, celebrar, recrear, aprender de nuevo, y proclamar apasionadamente lo que los creyentes han confesado desde aquella mañana de la tumba vacía – la historia salvadora de la promesa de Dios en Jesús de Nazaret para redimir y salvar a un pueblo para sí mismo.

Apéndice 17
Resumen esquemático de las Escrituras
Rev. Dr. Don L. Davis

El Antiguo Testamento

1. **Génesis** – *Principios*
   a. Adán
   b. Noé
   c. Abraham
   d. Isaac
   e. Jacob
   f. José

2. **Éxodo** – *Redención*
   a. Esclavitud
   b. Liberación
   c. Ley
   d. Tabernáculo

3. **Levítico** – *Adoración y compañerismo*
   a. Ofrendas y sacrificios
   b. Sacerdotes
   c. Fiestas y festivales

4. **Números** – *Servicio y recorrido*
   a. Organizados
   b. Errantes

5. **Deuteronomio** – *Obediencia*
   a. Moisés repasa la historia y la ley
   b. Leyes civiles y sociales
   c. Pacto Palestino
   d. Bendición de Moisés y muerte

6. **Josué** – *Redención (hacia)*
   a. Conquistar la tierra
   b. Repartir la tierra
   c. La despedida de Josué

7. **Jueces** – *La liberación de Dios*
   a. Desobediencia y juicio
   b. Los doce jueces de Israel
   c. Condiciones anárquicas

8. **Rut** – *Amor*
   a. Rut escoge
   b. Rut trabaja
   c. Rut espera
   d. Rut recompensada

9. **1 Samuel** – *Reyes, perspectiva sacerdotal*
   a. Elí
   b. Samuel
   c. Saúl
   d. David

10. **2 Samuel** – *David*
    a. Rey de Judá (9 años - Hebrón)
    b. Rey de todo Israel (33 años - Jerusalén)

11. **1 Reyes** – *La gloria de Salomón, la decadencia del reino*
    a. La gloria de Salomón
    b. La decadencia del reino
    c. El profeta Elías

12. **2 Reyes** – *El reino dividido*
    a. Eliseo
    b. Israel (el reino del norte cae)
    c. Judá (el reino del sur cae)

13. **1 Crónicas** – *Arreglos del templo de David*
    a. Genealogías
    b. Fin del reinado de Saúl
    c. Reinado de David
    d. Preparaciones del templo

14. **2 Crónicas** – *Abandonan el templo y la adoración*
    a. Salomón
    b. Reyes de Judá

15. **Esdras** – *La minoría (Remanente)*
    a. Primer retorno del exilio - Zorobabel
    b. Segundo retorno del exilio - Esdras (sacerdote)

16. **Nehemías** – *Reconstruyendo la fe*
    a. Reconstrucción de los muros
    b. Avivamiento
    c. Reforma religiosa

17. **Ester** – *Salvación femenina*
    a. Ester
    b. Amán
    c. Mardoqueo
    d. Liberación: Fiesta de Purim

18. **Job** – *Por qué los rectos sufren*
    a. Job el piadoso
    b. Ataque de Satanás
    c. Cuatro amigos filósofos
    d. Dios vive

19. **Salmos** – *Oración y alabanza*
    a. Oraciones de David
    b. Sufrimiento piadoso, liberación
    c. Dios trata con Israel
    d. El sufrimiento del puebo de Dios termina con el reinado de Dios
    e. La Palabra de Dios (sufrimiento y glorioso regreso del Mesías)

20. **Proverbios** – *Sabiduría*
    a. Sabiduría vs. necedad
    b. Salomón
    c. Salomón - Ezequías
    d. Agur
    e. Lemuel

21. **Eclesiastés** – *Vanidad*
    a. Experimentación
    b. Observación
    c. Consideración
22. **Cantares** – *Historia de amor*
23. **Isaías** – *La justicia (juicio) y gracia (consuelo) de Dios*
    a. Profecías de castigos
    b. Historia
    c. Profecías de bendición
24. **Jeremías** – *El pecado de Judá los lleva a la cautividad babilónica*
    a. Llamado de Jeremías; facultado
    b. Judá es condenado; cautividad babilónica predecida
    c. Restauración prometida
    d. Juicio infligido profetizado
    e. Profecías contra los gentiles
    f. Resumen de la cautividad de Judá
25. **Lamentaciones** – *Lamento sobre Jerusalén*
    a. Aflicción de Jerusalén
    b. Destruída por el pecado
    c. El sufrimiento del profeta
    d. Desolación presente vs. esplendor pasado
    e. Apelación a Dios por piedad
26. **Ezequiel** – *Cautividad y restauración de Israel*
    a. Juicio sobre Judá y Jerusalén
    B. Juicio sobre las naciones gentiles
    c. Israel restaurado; gloria futura de Jerusalén
27. **Daniel** – *El tiempo de los gentiles*
    a. Historia; Nabucodonosor, Beltsasar, Daniel
    b. Profecía
28. **Oseas** – *Infidelidad*
    a. Infidelidad
    b. Castigo
    c. Restauración
29. **Joel** – *El Día del Señor*
    a. Plaga de langostas
    b. Eventos del futuro Día del Señor
    c. Orden del futuro Día del Señor
30. **Amós** – *Dios juzga el pecado*
    a. Naciones vecinas juzgadas
    b. Israel juzgado
    c. Visiones del futuro juicio
    d. Bendiciones de los juicios pasados sobre Israel

31. **Abdías** – *La destrucción de Edom*
    a. Destrucción profetizada
    b. Razones para la destrucción
    c. Bendición futura de Israel
32. **Jonás** – *Salvación a los gentiles*
    a. Jonás desobedece
    b. Otros sufren las consecuencias
    c. Jonás castigado
    d. Jonás obedece; miles se salvan
    e. Jonás se enoja, sin amor por las almas
33. **Miqueas** – *Pecados de Israel, juicio y restauración*
    a. Pecado y juicio
    b. Gracia y restauración futura
    c. Apelación y petición
34. **Nahúm** – *Nínive enjuiciada*
    a. Dios detesta el pecado
    b. Destino de Nínive profetizado
    c. Razones del juicio y destrucción
35. **Habacuc** – *El justo por la fe vivirá*
    a. Queja por el pecado tolerado a Judá
    b. Los caldeos los castigarán
    c. Queja contra la maldad de los caldeos
    d. El castigo prometido
    e. Oración por avivamiento; fe en Dios
36. **Sofonías** – *La invasión babilónica como prototipo del Día del Señor*
    a. Juicio sobre Judá predice el Gran Día del Señor
    b. Juicio sobre Jerusalén y pueblos vecinos predicen el juicio final de todas las naciones
    c. Israel restaurado después de los juicios
37. **Hageo** – *Reconstrucción del templo*
    a. Negligencia
    b. Valor
    c. Separación
    d. Juicio
38. **Zacarías** – *TLas dos venidas de Cristo*
    a. Visión de Zacarías
    b. La pregunta de Betel; la respuesta de Jehová
    c. Caída y salvación de la nación
39. **Malaquías** – *Negligencia*
    a. Los pecados del sacerdote
    b. Los pecados del pueblo
    c. Los pocos fieles

El Nuevo Testamento

1. **Mateo** – *Jesús el Rey*
    a. La persona del Rey
    b. La preparación del Rey
    c. La propaganda del Rey
    d. El programa del Rey
    e. La pasión del Rey
    f. El poder del Rey

2. **Marcos** – *Jesús el Siervo*
    a. Juan presenta al Siervo
    b. Dios el Padre identifica al Siervo
    c. La tentación, el inicio del Siervo
    d. Obra y palabra del Siervo
    e. Muerte, sepultura y resurrección

3. **Lucas** – *Jesucristo el Hombre perfecto*
    a. Nacimiento y familia del Hombre perfecto
    b. El hombre perfecto puesto a prueba; su pueblo de nacimiento
    c. Ministerio del Hombre perfecto
    d. Traición, juicio y muerte del Hombre perfecto
    e. Resurrección del Hombre perfecto

4. **Juan** – *Jesucristo es Dios*
    a. Prólogo - la encarnación
    b. Introducción
    c. Testimonio de obras y palabras
    d. Testimonio de Jesús a sus apóstoles
    e. Pasión - testimonio al mundo
    f. Epílogo

5. **Hechos** – *El Espíritu Santo obrando en la Iglesia*
    a. El Señor Jesús obrando por el Espíritu Santo a través de los apóstoles en Jerusalén
    b. En Judea y Samaria
    c. Hasta los confines de la tierra

6. **Romanos** – *La justicia de Dios*
    a. Saludos
    b. Pecado y salvación
    c. Santificación
    d. Lucha
    e. Vida llena del Espíritu
    f. Seguridad de la salvación
    g. Apartarse
    h. Sacrificio y servicio
    i. Separación y despedida

7. **1 Corintios** – *El señorío de Cristo*
    a. Saludos y agradecimiento
    b. Estado moral de los corintios
    c. Concerniente al evangelio
    d. Concerniente a las ofrendas

8. **2 Corintios** – *El ministerio de la Iglesia*
    a. El consuelo de Dios
    b. Ofrenda para los pobres
    c. Llamamiento del apóstol Pablo

9. **Gálatas** – *Justificación por la fe*
    a. Introducción
    b. Lo personal - La autoridad del apóstol y gloria del evangelio
    c. Lo doctrinal - Justificación por fe
    d. Lo práctico - Santificación por el Espíritu Santo
    e. Conclusión autografiada y exhortación

10. **Efesios** – *La iglesia de Jesucristo*
    a. Lo doctrinal - el llamado celestial a la iglesia
        - Un cuerpo
        - Un templo
        - Un misterio
    b. Lo práctico - la conducta terrenal de la iglesia
        - Un hombre nuevo
        - Una novia
        - Un ejército

11. **Filipenses** – *Gozo de la vida cristiana*
    a. La filosofía de la vida cristiana
    b. Pautas para la vida cristiana
    c. Premios para la vida cristiana
    d. Poder para la vida cristiana

12. **Colosenses** – *Cristo la plenitud de Dios*
    a. Lo doctrinal - En Cristo los creyentes están completos
    b. Lo práctico - La vida de Cristo derramada sobre los creyentes y a través de ellos

13. **1 Tesalonicenses** – *TLa segunda venida de Cristo:*
    a. Es una esperanza inspiradora
    b. Es una esperanza operadora
    c. Es una esperanza purificadora
    d. Es una esperanza alentadora
    e. Es una esperanza estimulante y resplandeciente

14. **2 Tesalonicenses** – *La segunda venida de Cristo*
    a. Persecución de los creyentes ahora; juicio futuro para los impíos (en la venida de Cristo)
    b. Programa del mundo en conexión con la venida de Cristo
    c. Asuntos prácticos asociados con la venida de Cristo

15. **1 Timoteo** – *Gobierno y orden en la iglesia local*
    a. La fe de la iglesia
    b. La oración pública y el lugar de las mujeres en la iglesia
    c. Oficiales en la iglesia
    d. Apostasía en la iglesia
    e. Responsabilidades de los oficiales en la iglesia

16. **2 Timoteo** – *Lealtad en los días de la apostasía*
    a. Aflicciones por el evangelio
    b. Activos en servicio
    c. Apostasía venidera; autoridad de las Escrituras
    d. Alianza al Señor

17. **Tito** – *La iglesia ideal del Nuevo Testamento*
    a. La Iglesia es una organización
    b. La Iglesia debe enseñar y predicar la Palabra de Dios
    c. La Iglesia debe hacer buenas obras

18. **Filemón** – *Revela al amor de Cristo y enseña el amor fraternal*
    a. Saludo afable a Filemón y su familia
    b. Buena reputación de Filemón
    c. Súplica humilde por Onésimo
    d. Sustituto inocente culpable
    e. Ilustración gloriosa sobre la imputación
    f. Peticiones generales y personales

19. **Hebreos** – *La superioridad de Cristo*
    a. Lo doctrinal - Cristo es mejor que lo mostrado en el Antiguo Testamento
    b. Lo práctico - Cristo trae mejores beneficios

20. **Santiago** – *Ética del cristianismo*
    a. Fe probada
    b. Dificultad de controlar la lengua
    c. Advertencia contra la mundanalidad
    d. Exhortaciones en vista de la venida del Señor

21. **1 Pedro** – *La esperanza cristiana en tiempos de persecusión y prueba*
    a. Sufrimiento y seguridad de los creyentes
    b. El sufrimiento y las Escrituras
    c. El sufrimiento y los sufrimientos de Cristo
    d. El sufrimiento y la Segunda venida de Cristo

22. **2 Pedro** – *Advertencia contra los falsos maestros*
    a. El crecimiento en la gracia cristiana da seguridad
    b. La autoridad de las Escrituras
    c. Apostasía por medio del falso testimonio
    d. La actitud hacia el retorno de Cristo: prueba para la apostasía
    e. La agenda de Dios en el mundo
    f. Amonestación a los creyentes

23. **1 Juan** – *La familia de Dios*
    a. Dios es luz
    b. Dios es amor
    c. Dios es vida

24. **2 Juan** – *Advertencia a no recibir engañadores*
    a. Caminar en la verdad
    b. Amarse unos a otros
    c. No recibir engañadores
    d. Gozo en el compañerismo

25. **3 Juan** – *Amonestación a recibir a los verdaderos creyentes*
    a. Gayo, hermano en la Iglesia
    b. Diótrefes
    c. Demetrio

26. **Judas** – *Contendiendo por la fe*
    a. La ocasión de la epístola
    b. Acontecimientos de la apostasía
    c. La ocupación de los creyentes en los días de la apostasía

27. **Apocalipsis** – *La revelación del Cristo glorificado*
    a. La persona de Cristo en gloria
    b. La posesión de Jesucristo - la Iglesia en el mundo
    c. El programa de Jesucristo - la escena en el cielo
    d. Los siete sellos
    e. Las siete trompetas
    f. Personas importantes en los últimos días
    g. Las siete copas
    h. La caída de Babilonia
    i. El estado eterno

APÉNDICE 18
TABLA CRONOLÓGICA DEL NUEVO TESTAMENTO
Rev. Dr. Don L. Davis, adaptado de Robert Yarbrough

Fecha	Historia cristiana	NT	Historia romana
c. 28-30	Ministerio público de Jesús	Evangelios	14-37, Emperador Tiberio
c. 33	Conversión de Pablo	Hechos 9:1-13	—
c. 35	Primer visita de Pablo a Jerusalén después de convertido	Gál. 1:18	—
c. 35-46	Pablo en Cilicia and Siria	Gál. 1:21	—
—	—	—	c. 37-41, Emperador Gayo, c. 41-54, Emperador Claudio
c. 46	Segunda visita de Pablo a Jerusalén	Gál. 2:1; Hch. 11:27-50	—
c. 47-48	Pablo y Bernabé en Chipre y Galacia (1er. viaje)	Hechos 13-14	—
c. 48?	Carta a los Gálatas	—	—
c. 49	Concilio de Jerusalén	Hechos 15	—
c. 49-50	Pablo y Silas van de Siria de Antioquía por todo el Asia Menor hasta Macedonia y Acaya (2do. viaje)	Hch. 15:36-18:21	—
c. 50	Cartas a los Tesalonicenses	—	—
c. 50-52	Pablo en Corinto	—	c. 51-52, Gayo, procónsul de Acaya
Verano del 52	Tercera visita de Pablo a Jerusalén	—	c. 52-59, Félix, procurador de Judea
c. 52-55	Pablo en Éfeso	—	c. 54-68, Emperador Nerón
c. 55-56	Cartas a los Corintios	—	—
c. 55-57	Pablo en Macedonia, Ilírico, y Acaya (3er. viaje)	Hch. 18:22-21:15	—
Inicios del 57	Carta a los Romanos	—	—
Mayo 57	Cuarta visita de Pablo (y última) a Jerusalén	Hch. 21:17	—
c. 57-59	Encarcelamiento de Pablo en Cesarea	Hch. 23:23	c. 59, Festo sucede a Félix como procurador de Judea
Sept. 59	Viaje de Pablo a Roma comienza	Hch. 27-28	—
Feb. 60	Llegada de Pablo a Roma	—	—
c. 60-62	Arresto domiciliario de Pablo en Roma	—	—
c. 60-62?	Cartas de la prisión (Efesios, Filipenses, Colosenses, Filemón)	—	c. 62, muerte de Festo; Albino procurador of Judea
c. 65?	Pablo visita España (¿4to. viaje?)	—	c. 64, Incendio de Roma
c. ??	Cartas Pastorales (1 y 2 Timoteo, Tito)	—	—
c. 65?	Muerte de Pablo	—	—

APÉNDICE 19

COMUNICANDO AL MESÍAS: LA RELACIÓN DE LOS EVANGELIOS
Adaptado de N. R. Ericson y L. M. Perry. *John: A New Look at the Fourth Gospel (Juan: Una nueva mirada al cuarto evangelio).*

	Mateo	Marcos	Lucas	Juan
Fecha	65 D.C.	59 D.C.	61 D.C.	90 D.C.
Capítulos	28	16	24	21
Versículos	1,071	666	1,151	879
Período	36 años	4 años	37 años	4 años
Audiencia	Los judíos	Los romanos	Los griegos	El mundo
Cristo Como	El Rey	El Siervo	El Hombre	El Hijo de Dios
Énfasis	Soberanía	Humildad	Humanidad	Deidad
Signo	El león	El buey	El hombre	El águila
Final	Resurrección	Tumba vacía	Promesa del Espíritu	Promesa de su 2da. Venida
Escrito en	¿Antioquía?	Roma	Roma	Éfeso
Versículo clave	27:37	10:45	19:10	20:30-31
Palabra clave	Reino	Servicio	Salvación	Creer
Propósito	Presentación de Jesucristo		Interpretación of Jesús el Mesías	
Tiempo de lectura	2 horas	1 1/4 horas	2 1/4 horas	1 1/2 horas

APÉNDICE 20
DISEÑADO PARA REPRESENTAR: MULTIPLICANDO DISCÍPULOS DEL REINO DE DIOS
Rev. Dr. Don L. Davis

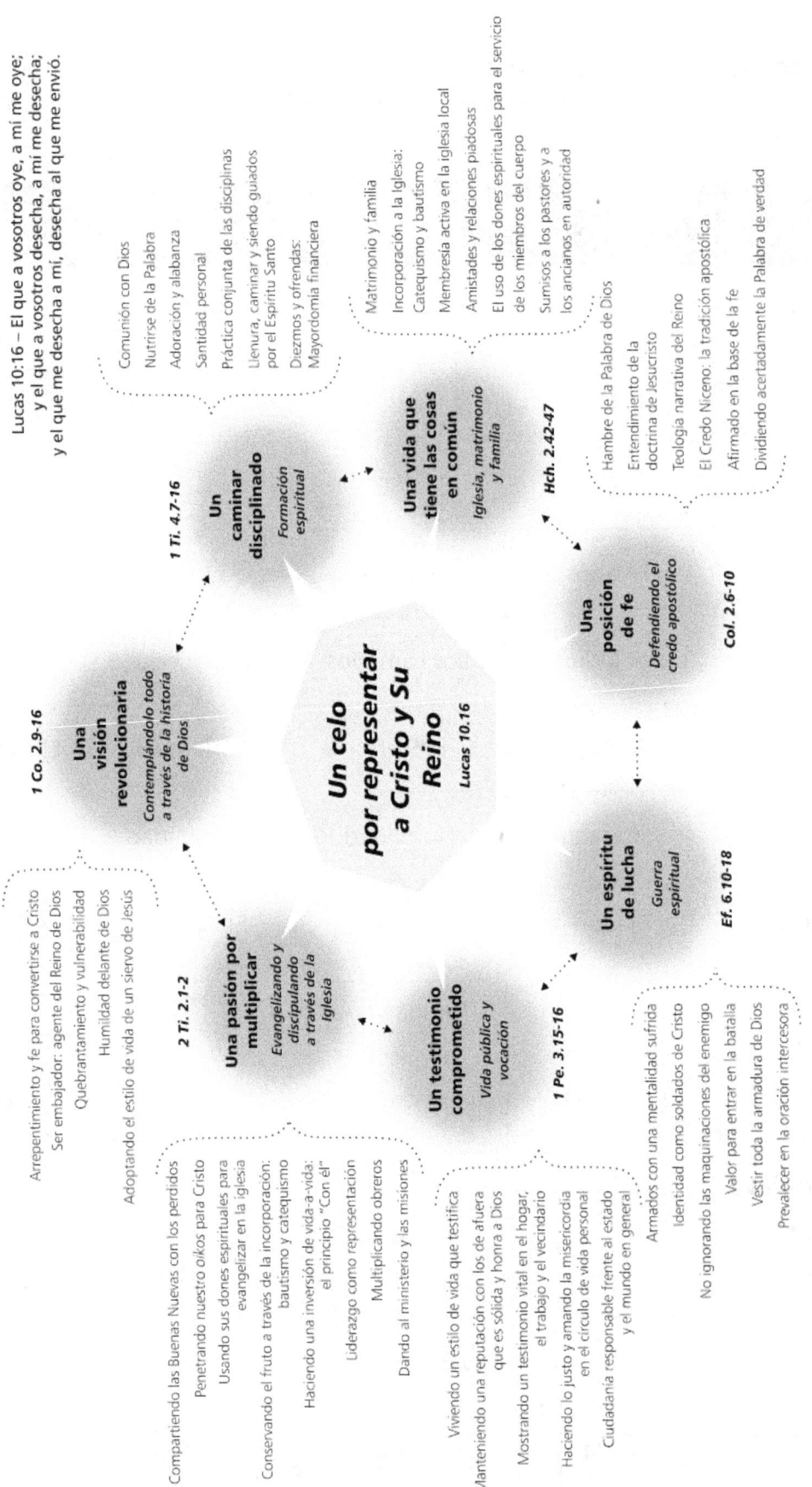

Apéndice 21
LA ÉTICA DEL NUEVO TESTAMENTO
Viviendo lo opuesto del Reino de Dios
Rev. Dr. Don L. Davis

El principio de lo opuesto

El principio expresado	Escritura
Los pobres serán ricos, y los ricos serán pobres	Lucas 6.20-26
El que quebranta la ley y los indignos son salvos	Mateo 21.31-32
Los que se humillan serán exaltados	1 Pedro 5.5-6
Los que se exaltan serán humillados	Lucas 18.14
El ciego recibirá la vista	Juan 9.39
Quienes dicen que ven quedarán ciegos	Juan 9.40-41
Llegamos a ser libres al ser esclavos de Cristo	Romanos 12.1-2
Dios ha escogido lo necio del mundo para avergonzar a los sabios	1 Corintios 1.27
Dios ha escogido lo débil del mundo para avergonzar a los fuertes	1 Corintios 1.27
Dios ha escogido lo vil y menospreciado para deshacer las cosas que son	1 Corintios 1.28
Obtenemos el mundo por venir, al perder el mundo actual	1 Timoteo 6.7
Si ama esta vida, la perderá; odie esta vida, y obtendrá la siguiente	Juan 12.25
Se convierte en el más grande de todos al ser el siervo de ellos	Mateo 10.42-45
Al hacer tesoros aquí, uno se priva del galardón celestial	Mateo 6.19
Al hacer tesoros en lo alto, se obtiene la riqueza del cielo	Mateo 6.20
Acepte su propia muerte a fin de vivir en plenitud	Juan 12.24
Libérese de toda reputación terrenal para ganar el favor celestial	Filipenses 3.3-7
Los primeros serán los últimos, y los últimos serán primeros	Marcos 9.35
La gracia de Jesús se perfecciona en su debilidad, no en su fortaleza	2 Corintios 12.9
El más elevado sacrificio para Dios es la contrición y el quebrantamiento	Salmo 51.17
Es mejor darle a otros que recibir algo de ellos	Hechos 20.35
Dé todo lo que tenga para que pueda recibir lo mejor de Dios	Lucas 6.38

APÉNDICE 22

JESUCRISTO, EL PERSONAJE Y TEMA DE LA BIBLIA

Rev. Dr. Don L. Davis

Adaptado de Norman Geisler, *A Popular Survey of the Old Testament (Un resumen de estudio del Antiguo Testamento)*. Grand Rapids, MI: Baker Books, 1977, pp. 11ff

Jesucristo, el personaje y tema de la Biblia — Lucas 24:27, 44; Hebreos 10:7; Mateo 5:17; Juan 5:39	*Estructura de la Biblia dividida en dos*	*Estructura de la Biblia dividida en cuatro*	*Estructura de la Biblia dividida en ocho*
	Antiguo Testamento: *Anticipación* — Oculto Contenido El precepto En sombra En ritual En imagen Predicho En profecía En pre-encarnaciones	**La Ley** *Fundamento para Cristo*	**La Ley:** Fundamento para Cristo (Génesis-Deuteronomio)
			Historia: Preparación para Cristo (Josué-Ester)
		Los Profetas *Expectativa de Cristo*	**Poesía:** Aspiración por Cristo (Job-Cantar de los Cantares)
			Profetas: Expectativa de Cristo (Isaías-Malaquías)
	Nuevo Testamento: *Realización* — Revelado Explicado Su perfección En substancia En realidad En persona Como cumplido En historia En la encarnación	**Los Evangelios** *Manifestación de Cristo*	**Evangelios:** Manifestación de Cristo (Mateo-Juan)
			Hechos: Propagación de Cristo (Los Hechos de los Apóstoles)
		Las Epístolas *Interpretación de Cristo*	**Epístolas:** Interpretación de Cristo (Romanos-Judas)
			Apocalipsis: Consumación en Cristo (La revelación de Juan)

APÉNDICE 23

¡LEVÁNTESE DIOS!
Siete palabras clave para buscar al Señor y encontrar su favor
Rev. Dr. Don L. Davis

#	TEMA		PASAJE	TENER CONCIENCIA DE		CONCIERTO DE ORACIÓN
1	Adoración	• Deleitarse y disfrutar en Dios • Gratitud sobreabundante • Reconocer a Dios en su Persona y sus obras	Sal. 29:1,2 Ap. 4-11 Rom. 11:33-36 Sal. 27:4-8	La majestuosa gloria de Dios		Reunirse para adorar y orar
2	Admisión	• Incompetencia • Desamparo • Advertir la necesidad desesperante que tenemos de Dios	Sal. 34:18, 19 Pr. 28:13 Dan. 4:34, 35 Is. 30:1-5	Nuestro quebrantar ante Dios	El rostro de Dios	Confesar impotencia
3	Disposición	• Morir a la preocupación por uno mismo y al amor al mundo • No confiar en la sabiduría, los recursos o los métodos carnales • Consagrarnos nosotros mismos como sacrificios vivos a Dios	Rom. 12:1-5 Jn. 12:24 Flp. 3:3-8 Gál. 6:14	Nuestra docilidad frente a Dios		Rendir todo a Cristo
4	Avivamiento *global y local*	• Refrigerio: Derramamiento del Espíritu Santo sobre el pueblo de Dios • Renovación: Obediencia al Gran Mandamiento Amar a Dios y al prójimo • Revolución: Nueva orientación radical a Cristo como Señor	Os. 6:1-3 Ef. 3:15-21 Mt. 22:37-40 Jn. 14:15	Pedir la llenura del Espíritu	Plenitud	Fervientemente interceder en nombre de otros
5	Avance *global y Local*	• Movimientos: Campañas hacia los no alcanzados, regiones pioneras • Movilización: De cada congregación para cumplir la Gran Comisión • Mentalidad militar: Adoptar una mente guerrera para sufrir y soportar las dificultades en la guerra espiritual	Hch. 1:8 Mc. 16:15,16 Mt. 28:18-20 Lc. 19:41, 42 2 Tim. 2:1-4	Pedir por el mover del Espíritu	Cumplimiento	
6	Afirmación	• Dar testimonio de lo que el Señor ha hecho • Desafiarse unos a otros al hablar la verdad en Amor	Sal. 107:1, 2 Heb. 13:3 2 Cor. 4:13 Mal. 3:16-18	Los redimidos que lo digan	La fe	Anima unos a otros en verdad y testimonio
7	Reconocimiento	• Esperar pacientemente a que Dios actúe en su tiempo y con sus métodos • Vivir con la confianza de que Dios está respondiendo a nuestras peticiones • Actuar creyendo como que si Dios hará precisamente lo que dice que hará	Sal. 27:14 2 Cró. 20:12 Pr. 3:5, 6 Is. 55:8-11 Sal. 2:8	Mantener nuestros ojos en el Señor	La lucha	Dispersión para trabajar y esperar

"Buscad al Señor" Zacarías 8:18-23 • Isaías 55:6

"Busquen el favor del Señor" Zacarías 8:18-23 • Jeremías 33:3

Apéndice 24

El Credo Niceno

Creemos en un solo Dios, Padre Todopoderoso, Creador del cielo, la tierra y de todas las cosas visibles e invisibles.

Creemos en un solo Señor, Jesucristo, el Hijo unigénito de Dios, concebido del Padre antes de todos los siglos: Dios de Dios, Luz de la Luz, Dios verdadero de Dios verdadero, Engendrado, no creado, de la misma esencia del Padre, por quien todo fue hecho.

Quien por nosotros los hombres, bajó del cielo para nuestra salvación y por obra del Espíritu Santo, se encarnó en la virgen María, y se hizo hombre. Por nuestra causa fue crucificado en tiempos de Poncio Pilato, padeció y fue sepultado. Resucitó al tercer día, según las Escrituras, ascendió al cielo y está sentado a la derecha del Padre. Él vendrá de nuevo con gloria, para juzgar a los vivos y a los muertos, y su Reino no tendrá fin.

Creemos en el Espíritu Santo, Señor y dador de vida, quien procede del Padre y del Hijo, y juntamente con el Padre y el Hijo recibe la misma adoración y gloria, quien también habló por los profetas.

Creemos en la Iglesia, que es una, santa, universal y apostólica.

Reconocemos un solo bautismo para el perdón de los pecados. Esperamos la resurrección de los muertos y la vida del mundo futuro. Amén.

APÉNDICE 25

EL CREDO NICENO
con apoyo bíblico
The Urban Ministry Institute

Creemos en un solo Dios, *(Dt. 6:4-5; Mc. 12:29; 1 Co. 8:6)*
    Padre Todopoderoso, *(Gn. 17:1; Dn. 4:35; Mt. 6:9; Ef. 4:6; Ap. 1:8)*
    Creador del cielo, la tierra *(Gn. 1:1; Is. 40:28; Ap. 10:6)*
    y de todas las cosas visibles e invisibles. *(Sal. 148; Rom. 11:36; Ap. 4:11)*

Creemos en un solo Señor, Jesucristo, el Hijo unigénito de Dios, concebido del Padre antes de todos los siglos: Dios de Dios, Luz de la Luz, Dios verdadero de Dios verdadero, Engendrado, no creado, de la misma esencia del Padre,
    (Jn. 1:1-2, 3:18, 8:58, 14:9-10, 20:28; Col. 1:15, 7; Heb. 1:3-6)
    por quien todo fue hecho. *(Jn. 1:3; Col. 1:16)*

Quien por nosotros los hombres, bajó del cielo para nuestra salvación y por obra del Espíritu Santo, se encarnó en la virgen María, y se hizo hombre.
    (Mt. 1:20-23; Jn. 1:14, 6:38; Lc. 19:10)
    Por nuestra causa fue crucificado en tiempos de Poncio Pilato, padeció y fue sepultado
    (Mt. 27:1-2; Mc. 15:24-39, 43-47; Hch. 13:29; Rom. 5:8; Heb. 2:10; 13:12)
    Resucitó al tercer día, según las Escrituras,
    (Mc. 16:5-7; Lc. 24:6-8; Hch. 1:3; Rom. 6:9, 10:9; 2 Ti. 2:8)
    ascendió al cielo y está sentado a la derecha del Padre.
    (Mc. 16:19; Ef. 1:19-20)
    Él vendrá de nuevo con gloria, para juzgar a los vivos y a los muertos, y su Reino no tendrá fin. *(Is. 9:7; Mt. 24:30; Jn. 5:22; Hch. 1:11, 17:31; Rom. 14:9; 2 Cor. 5:10; 2 Tim. 4:1)*

Creemos en el Espíritu Santo, Señor y dador de vida, *(Gn. 1:1-2; Job 33:4; Sal. 104:30, 139:7-8;*
    Lc. 4:18-19; Jn. 3:5-6; Hch. 1:1-2; 1 Cor. 2:11; Ap. 3:22)
    quien procede del Padre y del Hijo, *(Jn. 14:16-18, 26; 15:26, 20:22)*
    y juntamente con el Padre y el Hijo recibe la misma adoración y gloria,
    (Is. 6:3; Mt. 28:19; 2 Cor. 13:14; Ap. 4:8)
    quien también habló por los profetas. *(Nm. 11:29; Miq. 3:8; Hch. 2:17-18; 2 Pe. 1:21)*

Creemos en la Iglesia, que es una, santa, universal y apostólica
    (Mt. 16.18; Ef. 5.25-28; 1 Cor. 1.2; 10.17; 1 Tim. 3.15; Ap. 7.9).

Reconocemos un solo bautismo para el perdón de los pecados *(Hch. 22.16; 1 Pe. 3.21; Ef. 4.4-5).*
    Esperamos la resurrección de los muertos y la vida del mundo futuro
    (Is. 11.6-10; Miq. 4.1-7; Lc. 18.29-30; Ap. 21.1-5; 21.22-22.5).
    Amén.

El Credo Niceno con apoyo bíblico – Versículos para memorizar

Abajo hay versículos sugeridos para memorizar, uno para cada sección del Credo.

Padre
Ap. 4:11 – Señor, digno eres de recibir la gloria y la honra y el poder; porque tú creaste todas las cosas, y por tu voluntad existen y fueron creadas.

Hijo
Jn. 1:1 – En el principio era el Verbo, y el Verbo era con Dios, y el Verbo era Dios.

La misión del Hijo
1 Cor. 15:3-5 – Porque primeramente os he enseñado lo que asimismo recibí: Que Cristo murió por nuestros pecados, conforme a las Escrituras; y que fue sepultado, y que resucitó al tercer día, conforme a las Escrituras; y que apareció a Cefas, y después a los doce.

Espíritu Santo
Rom. 8:11 – Y si el Espíritu de aquel que levantó de los muertos a Jesús mora en vosotros, el que levantó de los muertos a Cristo Jesús vivificará también vuestros cuerpos mortales por su Espíritu que mora en vosotros.

La Iglesia
1 Pe. 2:9 – Mas vosotros sois linaje escogido, real sacerdocio, nación santa, pueblo adquirido por Dios, para que anunciéis las virtudes de aquel que os llamó de las tinieblas a su luz admirable.

Nuestra esperanza
1 Tes. 4:16-17 – Porque el Señor mismo con voz de mando, con voz de arcángel, y con trompeta de Dios, descenderá del cielo; y los muertos en Cristo resucitarán primero. Luego nosotros los que vivimos, los que hayamos quedado, seremos arrebatados juntamente con ellos en las nubes para recibir al Señor en el aire, y así estaremos siempre con el Señor.

Apéndice 26
EL CREDO DE LOS APÓSTOLES

Creo en Dios Padre, Todopoderoso creador del cielo y la tierra. Creo en Jesucristo, su Unigénito Hijo, nuestro Señor quien fue concebido por el Espíritu Santo, nacido de la virgen María; sufrió bajo Poncio Pilato; fue crucificado, muerto y sepultado; descendió al infierno; al tercer día resucitó de entre los muertos; ascendió al cielo, y se sentó a la derecha de Dios Padre Todopoderoso. Desde allí vendrá a juzgar a los vivos y a los muertos.

Creo en el Espíritu Santo, la santa Iglesia católica*(universal), la comunión de los santos, el perdón de los pecados, la resurrección del cuerpo, y la vida eterna. Amén.

www.ingramcontent.com/pod-product-compliance
Lightning Source LLC
Chambersburg PA
CBHW080940040426
42444CB00015B/3378